存股輕鬆學2

實證篇

輕鬆學

2

小韭菜夫妻的
股市逆襲人生！

「金融存股輕鬆學」版主
孫悟天、孫太 著

選好股，
輕鬆打造自己的「長期飯票」

很榮幸有這個機會來幫孫悟天的新書寫序。悟天跟我一樣，喜歡用直接的數學邏輯來解決投資的問題，這樣可以避開人性的弱點。

例如每年 10％的報酬率看起來似乎是還好，但是只要能夠維持 30 年，100 萬就會累積成 1,745 萬，每年賺取 174.5 萬的報酬，可以安享人生了。投資需要靠複利，數學的專有名詞是等比級數，最重要的就是「時間」這個參數。大家都知道股神巴菲特超有錢，卻很少人注意到巴爺爺認真投資了 80 年。

很多人沒有耐心等待數十年，急著要賺大錢買房、買車、財務自由，但是你知道嗎？投資股票最大的盲點是自己，會被貪婪、恐慌等情緒所誤導，讓你太過於短視近利，只顧著短線進出、當沖，反而看不到長遠的投資規劃。2021年上半年的航運股普遍被視為送分題，買進的都是笑呵呵，但是你知道當沖賺價差是「零和遊戲」嗎？如果大家都賺錢那麼是誰在賠錢呢？下半年馬上豬羊變色，買進的都賠錢了！

曾經有記者問巴爺爺，說他投資的可口可樂、蘋果電腦……都是耳熟能詳的股票，為什麼就只有他最有錢？巴爺爺語重心長的說道，「因為大家都不想要慢慢的變有錢」。投資股票的概念其實很簡單，買進好公司、股利持續買回、長期持有，最大的重點在於「好股票」。

好股票要如何定義呢？答案就是「長期飯票」這4個字。拿我自己來舉例好了，我以前是收入很穩定的公務員，也乖乖的把薪水拿回去養家，我就是家庭的「長期飯票」。同樣地，如果有一家公司的獲利很穩定，也持續的配發股利，那麼它不就是投資人的長期飯票嗎？

投資股票的目的在哪裡？我覺得是「財務自由」，讓你可以不再為五斗米折腰，開開心心的完成自己的夢想，過好跟過滿自己想要的人生。其實人的一生不一定需要很多錢，先不要好高騖遠想像幾億的身家，只要每個月增加幾萬的股利收入，就可以改變你的人生了！投資的重點在於找出長期飯票，長期飯票的重點在於挑出好股票。

作者孫悟天老師花了 6 年時間，幫自己存上 700 張金融股，每年可以領到 70 萬股利，恭喜他又多了一張長期飯票了！悟天老師凝聚 20 年的投資經驗，深入淺出的發明了存股 SOP，幫助投資人挑出好股票，不僅可以安穩的領股息，更可以順勢賺價差。真的是太黯然，太銷魂了！

最近股市中出現了「韭菜」這個名詞，韭菜為何會不斷的被收割？因為你沒有具備正確的投資知識，只會到處問明牌，自己卻沒有判斷的能力，然後一再地被誤導跟賠錢。如果你要花大把金錢投入股市，也要在股市中待上數十年，我真的建議你花點小錢把這本書買回家，然後再花時間好好的閱讀。股海在走，知識要有，不然你只會一直的被收割。

　　每個投資人都想要在股市中提款，那麼誰是別人的提款機呢？「書中自有黃金屋」雖然是老生常談，但卻是顛撲不破的硬道理。如果你羨慕悟天老師每年領 70 萬股利，臨淵羨魚、不如退而結網。歡迎把書本帶回家好好的破解跟研究，說不定下一個年領 70 萬股利的就是你了！知識就是力量，改變未來的力量就掌握在自己的手上。

《打造小小巴菲特 贏在起跑點》作者

陳重銘

小韭菜夫妻的
存股成長之路

「孫太～～請問我可以跟你請教一個問題嗎？」

每天只要一打開電腦，我都會收到粉絲來自四面八方傳來求救的訊息：無論是夫妻理財、親子理財、退休規劃、夫妻吵架甚至是賠錢心情不好，想不開而想要找人開導之類的……只要對方有禮貌，我都會儘量抽空回答對方的提問。

最特別的是在前一本書出版時，曾有位粉絲跟我求救，說她手機訊號不好，一直搶不到我們限量簽名版的新書，所以厚著臉皮

向我求救，請我幫她搶購一本我自己的簽名書。有聽過這種事嗎？作者幫粉絲搶購自己的限量簽名書，這還真的發生在我身上呢！

悟天常勸孫太，要改一改這種古道熱腸的個性，不然以後會很辛苦。真的，放眼望去，試問有幾個作者像孫太這樣？慶幸當時我剛好有空檔時間，就順手幫個小忙。

出身眷村的孫太，從小耳濡目染鄰居間熱情的互動，久而久之待人熱情就變成一種人格特質，伴隨著回覆粉絲問題的次數越多，我發現很多人其實遇到的狀況都大同小異。於是我從這些年經營近 6 萬人的「孫悟天存股－孫太」粉絲團，和近 18 萬人的「金融存股輕鬆學」社團中，整理出能輕鬆學習的財商觀念與大家分享，只不過求救的人還是多不勝數。

最初寫書的起心動念是希望可以幫助更多人，不要像我們當年一樣繳了數百萬的學費，經歷了無比痛苦的煎熬，才意識到原來學習財商真的這麼重要。悟天跟我都是付出慘痛的代價，才有機會一步一步走到今天，看到這麼多人無助的求救，我實在於心不忍。

原本以為出版了《存股輕鬆學》，談論存股 SOP 倍數表和選股 5 大法則，再搭配《存股致勝心理學》中練習移除限制性信念、善用底層思維和反市場操作的觀念，讀者只要學會這些思維應該就很受用了，但後來發現每天還是會收到許多粉絲詢問相關議題。

悟天見我回覆粉絲花了太多心力和時間，當時疫情期間全家人都在家，孩子們必須在家進行遠端學習，悟天在家遠端工作，為了減少外出機會，孫太負責全家三餐，為此也曾醉心研究料理好一陣子，導致雙手板機指的情況越來越嚴重。偏偏我是個無法見死不見的人，為了可以更快速解決粉絲的問題，悟天鼓勵我把最多人提問的議題匯集成冊，或許能幫助更多人。

▍向查理・蒙格學習「反向思考」

閱讀了多位理財達人的著作後，孫太特別喜愛查理・蒙格的處世智慧和思維模型，尤其是「反過來想，總是反過來想」的觀念幫助我們許多。最經典的戰役莫過於 2020 年 2 月在股價創高時我們選擇調節持股，又在 4 月初反手大量買進持股，這樣的操作讓我們的資產迅速翻倍。

　　套用在生活當中，我認為這是一種「換位思考」，在拜讀過許多國內外大師的書籍後，我發現多數都闡述「跟著這樣做你就能成功」或是「致勝寶典」有哪些步驟⋯⋯之類。但我卻是將查理・蒙格的「反向思考」運用在投資策略中，開始研究「韭菜」，細細回想當年我們曾犯了哪些錯誤導致踩雷，變成「韭菜」而不自知，有哪些是典型的韭菜行為？如果可以避開「韭菜的關鍵行為」，就能有效的提高自己投資的勝率，就像蒙格所說：「**如果我知道我會死在哪裡，我就一定不會去那個地方。**」所以孫太認為「**如果我知道韭菜的思維有哪些，我就一定不會變成韭菜。**」

　　因為疫情的緣故，讓我們多了很多時間跟孩子們討論財商議題，從對話中我發現孩子在財商觀念（FQ）上還是存在著許多誤區，即使很多人都知道理財跟生活是密不可分的，但是要在生活中確實地執行正確的財商觀念，卻又不是那麼容易，因此到底該怎麼辦呢？其實只要先搞懂現在年輕人在想什麼，會遇到哪些困難？再用他們的語言與他們溝通不就行了嗎？

　　為此我還成立了財商讀書會，以便與一些理財同好能隨時交流、學習。悟天常說孫太是過動兒，退休了也不得閒。

即便因為疫情的緣故被迫天天關在家裡，孫太還是不甘讓自己只剩下「家庭主婦」這個身分，畢竟我當職業婦女已經十多年了；回想當年財金系老師們所教的財商觀念，以及當銀行行員時幫客戶理財和理債的經驗，那些幫助我們一步一腳印走到今天的「經驗」和「知識」，如果通通不運用，久了就會變成一項「沉沒成本」，豈不是太浪費了。

與其付諸東流，倒不如拿出來用一用。如果有版稅收入，還能拿來作公益，幫助偏鄉孩童或者流浪狗等等……也挺好的，不是嗎？

▌理財、理債，一生必學的功課

因此，這本書不會有太艱深的內容，反而比較像是在敘寫一對小韭菜夫妻，如何靠著不斷累積正確的財商觀念後，一步一步反轉投資績效的故事；又或者是我們夫妻倆想要寫給小孩的家書，標題是「孩子，爸媽無法教你如何投資成功，但可以告訴你，如果你做了哪些韭菜的關鍵行為，你肯定不會成功。」

第一章主要想讓孩子們知道，我們存股從 300 張變成 700 張的歷程中，最常遇到的狀況、心路歷程和經驗誤區有哪些。第二

章主要談的是如何量化退休目標的觀念和技巧，以及通往財富的 4
個階段，就連眾人敲碗的「核心資產」和「衛星資產」應該怎樣
配置，在這個章節都有清楚的描述。

多數理財書都告訴我們應該如何養成致富的好習慣，但我在
銀行工作那幾年，觀察到來借錢的人分為有錢人跟窮人，前者借
錢是為了拿錢去「錢滾錢」，而後者借錢則只是為了「活下去」。
其實人人都想變有錢，但有錢人跟窮人的行為和思維差異到底在
哪呢？我認為在本質上對待金錢的方式就有極大的不同，因此第
三、四章主要闡述的是「韭菜的思維和關鍵行為」。

許多人不是沒有錢，而是「應該怎麼用錢」的核心觀念一開始
就錯得離譜，導致很多錢在無形中被浪費掉了卻不自知。

第三章我們透過孩子有張「快過期」的便利商店預付卡，讓他
們了解超商的「商業模式」還有何為「金錢的本質」。如果你是
為人父母者，那孫太建議你這個章節可以反覆多看幾遍，我想說
的是理財跟生活真的密不可分，而我們則是透過《存股致勝心理
學》中的改變 4 步驟，逐步引導孩子建立使用金錢的正確習慣。

第四章談論如何跳脫韭菜的基本功。早年我們經歷過「錢不夠花」，整天被房貸、生活費及學費追著跑的日子，捉襟見肘、入不敷出，完全不敢想「存錢」這件事。後來我們運用了書中的方式，從一根小韭菜經歷了 7 年的儲蓄（努力存本金），又再歷經了 7 年的存股（努力存股票），逆轉成持有七百多張第一金且每年配股配息超過 70 萬的人生。

　　所有祕密都寫在這個章節，除了告訴大家「理財之前要先理債」，也具體的讓大家知道如何輕鬆做到「開源節流」和提高「信用分數」的方法。若你本身有債務問題，我十分建議韭菜篇可以多讀幾遍。

▌學習正確財商，打造幸福人生

　　我很喜歡查理・蒙格說過的一段話：「每天起床的時候，努力變得比從前更聰明一點。認真、出色的完成任務。慢慢的，你會有所進步，這種進步不一定很快，但這樣能為快速進步打好基礎，每天慢慢向前挪一點，只要活得夠久，最終，你會像大多數人那樣，得到應得的東西。別期望太高，擁有幽默感，讓自己置身於朋友和家人的愛。」

　　如果你準備好推開「理財跟理債」這個大門，那麼邀請你找個舒適的角落、帶著放鬆的心情，跟著我們的文字探索學習，期許每一位看完書籍的讀者都能收穫滿滿，找到自己生命的亮點，拿回投資的主控權，善用財商知識，打造屬於你自己獨一無二的幸福人生。

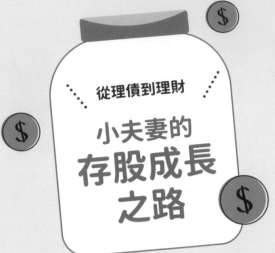

從理債到理財

小夫妻的
存股成長
之路

2008 年

▼

大賠 200 萬出場！

只想投機，不懂價值投資，
買錯股，加上金融海嘯，股
市大賠 200 萬認賠出場！開
始努力理債、存錢。

2020 年 3 月

▼

觀察存股 SOP 倍數表，
準備布局

發現金融股已到新低，可以
買進。

2020 年 2 月

▼

陸續調節存股，躲過股災！

因檢視 SOP 倍數表發現金融股倍
數大，加上疫情持續發燒，便出
清存股，因此躲過股災。

2020 年 4 月

▼

陸續買回第一金（2892）

2020 年 10 月

▼

持有 730 張第一金

成本比之前還低。

2015 年

2016 年

開始存股！

於 18.6 元時買進 120 張第一金（2892）。

獲利後不斷買進！

此時已持有 200 張第一金，每年配股 1 元，持續投入存股帳戶裡。

2019 年

2017~2019 年

持續布局！

持續持有 1,000 張第一金，並將每年配發的股利再相繼投入。

持續買進！

累計存股 3 年，已買進 300 張以上存股。

2021 年 11 月

至截稿前，
已擁有 800 張第一金！

財務自由

每年領股息 70 萬以上，
從容規劃第二人生。

PART 01

用 SOP 倍數表，
存股從 0 到 700 張

PART 02

存股 7 年穩賺股息，
提前財務自由

PART 03

韭菜的悔悟，
那些年我們曾犯的錯

PART 04

開源節流基本功，
幫錢包好好抓漏

輕鬆存股篇

用 SOP 倍數表，
存股從 0 到 700 張

- 存股最好的時間是十年前，其次是現在
- 你願意花時間投資自己嗎？
- 投資的本質是一場「正和遊戲」
- 選股如找結婚伴侶
- 「學習理財」必經的 4 個階段
- 失敗是投資必經過程
- 股票投資成功所必備的素質
- 別落入經驗陷阱
- 資產、負債，傻傻分不清楚
- 掌握市場週期，等待好球用力揮棒

好球來時要努力揮棒，壞球來時要能夠忍住！真正落實不看盤投資術，存股就是這麼輕鬆簡單，平日要做的就是「等待」，等股價進入好球帶時，才需要用力揮棒！

存股最好的時間是十年前，其次是現在

　　每隔一段時間，都會有粉絲問孫太：請問五十幾歲了，還能存股嗎？

　　非洲經濟學家丹比薩‧莫約（Dambisa Moyo）在《援助的死亡》（Dead aid）一書中曾寫道：「種一棵樹最好的時間是十年前，其次是現在。」這讓孫太想起家母是如何開始存股的。第一篇就先跟大家分享她的存股歷程。

　　那一年，家母任職於一間小公司，每月的薪水約莫 22,000 元，公司沒有提供勞健保，員工只能自行加入工會保障自己。我曾經鼓勵家母向有關單位檢舉公司罔顧員工權益，沒有提供勞健保基本保障，只不過她考量鄉下地方的工作機會不多，也怕就此擔心失去工作，遲遲不敢有所行動，只好睜一隻眼、閉一隻眼繼續工

作。轉眼之間，已經進入五字頭知天命的數歲，但工作的收入不高，也沒有理財經驗，所攢下來的積蓄十分有限。

之所以家母決定開始投入存股是因為一場突如其來的車禍，讓她感受到生命的無常，危機感油然而生。在家休養的時間讓她覺得無助，因為職場對於中高齡工作者並不友善，沒上班就沒收入，擔心工作隨時被別人取代，對生活充滿無力感。在經過一番思前想後，家母最後決定透過存股的方式存下自己的退休金，降低子女的負擔。

在多年之後，孫太好奇問家母：「為何當初願意嘗試存股？」母親有感而發的說：「因為 50 多歲的那一場車禍，沒有獲得公司任何理賠，而且公司甚至還說你請假在家，公司沒扣妳錢已經很不錯了。」這件事讓她深刻體會到職場的現實以及對於年長者的不友善，於是決定抱著姑且一試的心情，開始一張一張股票傻傻地存。

一開始存股的時候，媽媽的內心十分忐忑，但隨著每年的股利股息越領越多，漸漸對存股有了信心。2020 年，因為膝蓋手術順勢辦理退休，月領 1 萬多元的退休金做為日常生活費，因為南

部消費水平較低，省著點花用除了可以支付開銷還可以存錢。經過那幾年按部就班的慢慢存，加上股票、股利的複利效應，截至2021 年，母親已經擁有超過 60 張金融股，市值逾百萬元。

2021 年，全球正值新冠疫情嚴峻之時，母親剛好身邊存了一筆錢，請孫太幫忙留意可以存股的的標的，我看了 SOP 倍數表，發現第一金的倍數超過 3 倍偏高，剛好遇到台新金跟彰化銀行分手合併保德信的題材，而且台新金當時的股價只有在 14 塊附近，因此我建議家母如果真的要買，可以考慮台新金 (2887)。

後來母親買進台新金（2887）之後，截至目前為止，股價已經上漲至 17 元，報酬率超過 20%。很難想像，多年後的今天，家母已經成為存股的信徒，甚至還會主動跟家人推薦存股的好處。

▌開始存股，任何時間都不晚

以現在的時間點回頭看，母親很慶幸自己當初做了這個存股決定，當投資的時間越早，就有機會經歷更多次的配股、配息。換言之，如果一開始沒有跨出第一步，錢有可能在不知不覺中就花掉了。

存股之後，這些年的配股、配息可以降成本，享受時間複利的成果，幫助自己建立投資的護城河。所以說，重點是只要跨出第一步，永遠不嫌晚，沒有跨出去，一切都是空談。

以第一金（2892）為例，假設 20 元買進，配股配息 1 元，以每年降 1 元成本計算，8 年後的持股成本已下降為 12 元左右，除非再次遇到像 2008 年金融大股災，造成台股的加權指數跌破 4,000 點的事件，但即便如此，當時的第一金最低也才殺到 12 元。由此可見，選對好的標的後，只要妥善運用時間複利的威力，就能幫自己築好一道護城河，藉此保護資產，何樂而不為呢？

因為，「種一棵樹最好的時間是十年前，其次是現在。」

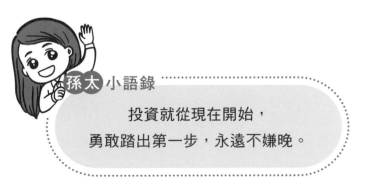

孫太 小語錄

投資就從現在開始，
勇敢踏出第一步，永遠不嫌晚。

你願意花時間
投資自己嗎?

「某某股安全嗎?買了不會倒嗎?」

「孫太,你可以告訴我,應該怎麼買嗎?股價會不會太高?」

這類型的問題,隨著粉絲團的粉絲愈來愈多,只要打開電腦,天天都會有投資新手來詢問。我非常感同身受,因為當年的我,也是常常遇到類似的疑惑。

貿然進入股市,容易成為大戶的刀下亡魂,投資大師查理.蒙格(Charles T. Munger)說過:「如何變得聰明?閱讀、大量閱讀。」這一點在進入股市之前,非常重要。

所以當粉絲提問時,我會先感謝他的信任,願意提問,然後我會請粉絲不要急著做決定,而是先讓自己的心靜下來,因為投資前最重要的事莫過於「學習」跟「閱讀」!

　　有一回我遇到一位粉絲十分心急，她表示自己的錢已被騙走好幾百萬，身邊僅剩一百多萬，問我可以投資哪一檔股票？

　　我說：「不要急，先買書來看，學財商觀念。」

　　粉絲又問：「如果是妳，妳會買哪一檔股票？」

　　我表示：「我內心真正的想法，是真心希望妳生活越來越幸福，資產穩定成長，才會鼓勵妳不要急著買，而是先投資自己，提升財商觀念。」

　　最後，粉絲又問了哪個標的可以投資。

　　當下感受到她可能真的慌了，個性有點過急。

　　我便說：「我感受到妳太著急了，投資是一輩子的事，沒有人可以為別人的投資負責，所以我才會鼓勵妳，無論如何一定要先閱讀，若真的要買，先小買一點點能讓自己心安而且長期抱得住的股票。」

　　拗不過對方的堅持，最後我回答：「我不是投顧老師，不能給任何建議。如果妳真的很想知道，可以先買我們的書來看。」

　　那一次的對話，給了我深刻的感悟，讓我想起自己學做菜的心路歷程。

▋理財無法一步登天

　　孫太小時候家裡經濟不寬裕，從小得幫忙賺錢，為生活奔波勞碌，對於料理更是一竅不通。婚後幾年遇到金融海嘯，生活一度窮困潦倒為錢所困，滿腦子想的都是如何賺錢？如何養孩子？如何付房貸？根本無心思考什麼閒情逸致的事。直到存股之後，經濟狀況越來越穩定，才開始慢慢學做料理、烘焙麵包和製作點心。

　　因為我先生孫悟天（以下簡稱悟天）、兒子愛吃滷肉，我便主動請長輩教我怎麼做菜，從挑選食材開始就十分講究，光是怎麼選一塊肥瘦適中的肉塊，蔬菜的切法、滷汁的比例、火候大小等等，很多細節都需要特別注意，只能說，做菜還真是門大學問。

　　在反覆試菜的過程中，已經不記得被打槍幾回，在夜裡掉過幾次淚？最讓人難過的是，無論我滷了幾次，始終達不到標準，當下也只能把眼淚擦一擦，然後再接再厲。總算皇天不負有心人，孫太漸漸掌握到滷肉的訣竅，帶著忐忑不安的心情，邀請悟天試味道。

　　悟天說：「有了唷！差不多就是這個口感了。」趕緊請長輩來

品嘗一下。

　　長輩說：「嗯，差不多可以出師了。」

　　當下有一種莫名的成就感，真的開心，彷彿解鎖了一項新技能似的。

　　這讓我想起李小龍曾經說過的一句話：「我不害怕曾經練過一萬種踢法的人，但我害怕一種踢法練過一萬次的人。」

　　其實存股之路也是一樣，如果你天生就是股市奇才，自然可以在很短的時間內學會財商觀念，然後一步登天。但我知道我們不是天才，而是地才，必須靠苦練實學，才能慢慢一步一步走到今天，享受一點點的成果。如同滷肉一樣，師父領進門，修行在個人，同樣的材料，會因為火候、順序、燉煮時間、蔬菜大小等等而有所不同。

　　無論是滷肉還是存股，最終靠的全是自己實戰經驗慢慢累積而成，才有辦法滷出這一鍋，符合全家人口味的滷肉。

　　那你呢？你願意花多少時間投資自己、閱讀財商書籍、學習財商觀念呢？

投資的本質是一場 「正和遊戲」

　　我們曾在《存股輕鬆學》一書裡，提過一個關於通貨膨脹的案例：

　　小時候科學麵一包是 5 元，現在一包是 10 元；20 年前牛肉麵大概 70 元，現在一碗約 140 元；小時候一般平價牛排只需要 50 元，現在要 130 元左右！

　　你發現了嗎？過去的 140 元可以買 2 碗牛肉麵，但現在只能買一碗，這就是物價通膨的狀態，意味著什麼事都不用做，錢就會越來越薄，越來越沒有價值！

　　把資金放在定存，最終的結果就會跟薪資一樣，慢慢地被通膨給侵蝕掉，如同《富爸爸、窮爸爸》這本書裡提及富人與窮人最

大的思維差異。

　　當富人有了收入就會買進資產，進而創造更多的收入；窮人有了收入則是買進負債，因此無法擴大資產。簡單來說，有錢人買資產，窮人買以為是資產的負債！且這跟收入多寡無關，而是「觀念」的差距！因此學習投資是很重要的一件事！

　　年輕人如果不懂得投資理財，就等於自我選擇慢性變窮。

　　按照目前這個趨勢，利率沒有最低，只有更低！物價沒有最高，只有更高！而這也造就了貧富差距越來越大的現象。以前那個苦做實幹，只要肯做，就不怕沒田可耕的年代，只要好好工作，就能有好的生活的年代似乎已經過去了！

　　現在不努力，以後掉入貧窮的機會實在比以前大多了！

　　但投資就一定可以獲利嗎？很抱歉，天下沒有這麼好的午餐！依據八二法則，80% 的人在股市中都是賠錢的。所以，不是投資股市就一定可以賺錢，在正式投資以前，你必須清楚明白你在做什麼！

長期持有，創造複利

　　投資的方式有很多種，股票、房地產、債券、創業、基金等等，並不是非得投資股票才叫做投資。相對來說，股票進入的門檻較低，適合小資族透過這種「正和遊戲」來達到投資理財的目的。

　　只需長期持有、持續複利滾入，獲取公司分紅，就能得到比定存好的報酬，進而擴張自己的資產並對抗通膨！而這種方式就是「存股」，或者稱為價值投資，此投資的本質即是「正和遊戲」。

　　健康的股市，個別產業輪動是再正常不過的事，而我們從不認為有哪一間公司可以永久不衰、歷久不壞，所以只要掌握企業營運表現，了解價值投資的意涵，就能壯大自己的資產。

 孫太 小語錄

在正式投資之前，
你必須清楚明白你在做什麼！

選股如找結婚伴侶

　　股神巴菲特曾經說過：「投資者尋找的是婚姻，投機者渴望的是一夜情。」

　　回想當初我跟悟天的投資，一路從融資、融券、期貨、選擇權……從水泥股→紡織股一路做到其他類……幾乎所有股票都做過一輪，真的是貨真價實的投機者，不斷的追求一夜情的刺激。

　　在 2008 年金融海嘯發生前，黃金漲、石油漲、股票也漲，大家都在瘋「資產」題材，台股也漲了不少，當時最夯的基金是貝萊德世界黃金和世界礦業，我們到底陸續買過多少支股票，實在也記不清楚了。

▌曾心灰意冷離開股市

當股災來臨時，總覺得自己不會這麼慘，但是股價就是夭折、夭折、再夭折，跌到你懷疑人生，我們也是攤平、攤平、再攤平，甚至還被追繳保證金避免被斷頭。

後來鴻海集團的董事長郭台銘喊出：「我認為景氣還要壞三倍！」我們看到這個消息嚇壞了，承受了幾個月的心理壓力，瞬間扛不住，最後全數出脫持股，結果幾乎賣在最低點，加上使用融資的關係，資金所剩無幾，心灰意冷地離開股市。

必須得說，我們也曾經買過不少好股票，但不知為何當年就是抱不住，甚至錯過許多千載難逢的賺錢機會。

在痛定思痛之後，開始了解價值投資，才知道自己的財商觀念錯得離譜。當時正值年輕氣盛的我們，正處在第一個理財階段（不知道自己不知道），在如此無知的情況下，慘賠是早晚的事。（關於理財四階段，下個章節會詳細描述）

▎你想找終身伴侶還是刺激的一夜情？

多年後，看到股神巴菲特說過的一段話，讓我十分有感。

他說：「買股票跟結婚一樣，請抱著『終身持有』的態度買入。」

如果當年的我們，是以挑選對象的心態選股票，那怎麼可能會動不動輕易的說要「離婚」（賣股票）呢？而且，試想，每結一次婚，就得支付「結婚周邊花費」，如同買賣股票不論輸贏，就一定要支付手續費，如此勞心又傷財的事，相信大家都不願意做吧。

就長遠來看，股價終究會反映出一家公司的價值。換言之，真正重要的是「如何挑選結婚對象」、「篩選結婚對象的條件為何」、「結婚對象未來的發展性」，這幾點婚前就要想得非常清楚，分析得相當透徹，找出具備未來成長可能性高的公司。

我們後來才意識到，最初那幾年的投資方法根本不是投資，而是投機的賭徒行為，只為尋找一夜情的刺激。

「學習理財」必經的
4 個階段

　　我曾多次提到投資和心理學其實息息相關，兩者缺一不可，股市本來就是市場中眾多投資人的心理反映。

　　大部分的投資人會經歷「學習理財」的 4 個階段！分別為「階段一：不知道自己不知道」、「階段二：知道自己不知道」、「階段三：知道自己知道」、「階段四：不知道自己知道」，這其中的差別，讓我們用自己的經歷與大家分享：

▌第一階段：不知道自己不知道

　　在這個階段是最有趣的一件事情，自己其實很「無知」，但重點在於自己並不知道自己懂得少，反而會認為自己很厲害。股市

中很多「韭菜」和「小白」，一開始都在這個階段，以為自己是股海裡萬中選一的奇才，買進哪檔股票，那檔股票就會漲，賣出哪檔股票，那檔股票就會跌，總覺得自己眼光精準，在股海中一定可以賺到大錢。此時也喜歡向別人推薦股票標的，高談闊論各種投資方法，沉浸在自己的美夢中而不自知。

至於大概多久會醒來？那就要看個人的造化了。

以孫太經營存股社團及粉絲團這幾年觀察發現，在股市中第一階段有的人會很快醒悟，但有的人會一直深陷其中反反覆覆醒不過來，而有的人則是會從第一個階段就直接畢業，不再踏入股市！但一般來說，至少需要 3 到 6 個月的時間，當一個人開始尋找賠錢的原因，會比較容易進入第二個階段，也就是所謂的「知道自己不知道」。

▌第二階段：知道自己不知道

如果一開始操作就賺錢，就像當年的我們一樣，因為剛買股票就有賺到錢，賺錢會麻痺自己，容易陷入在第一階段自以為是的情境中。只有賠錢、痛到，見到資產大幅縮水，才會開始反省自己、

檢討原因，到底是哪裡出了錯！

　　當一個人到了第二個階段，開始認知到在股市中投資和開車一樣，在「不知道自己不知道」的情況開車上路，就好像一個完全不懂交通規則的人，買了車就在街上橫衝直撞，運氣好沒出事，但一旦發生意外，傷亡都會很嚴重。

　　了解到自己的無知之後，就會開始尋找很多方法補強自己的「財商知識」，例如蒐集技術指標、籌碼分析、財報分析，甚至是找尋新聞、雜誌、分析師的研究內容，吸收大量的資訊，迫切想要快速認識市場的運作。

　　待在第二階段的時間會很久，甚至有時候還會退回到上個階段，也就是因為懂得比之前多，又陷入自滿的循環，殊不知，有可能學錯了，或是用錯方法，或者根本不懂卻以為自己已經懂了！

　　在這個階段，大量的探索、學習、練習和運用是會反覆出現。但是切記，一定要把學習過的財商知識，經過「整理」、「吸收」、「內化」、「應用」，才能改變自己的投資DNA，再運用「察覺」、「選擇」、「練習」、「習慣」改變自己的投資行為。

「知道自己不知道」階段可能要經過 1～10 年，有的人很快醒悟，有的人可能一輩子都在第二階段打滾，無法逃脫不斷學習財商知識的困境，原因很簡單，因為沒有「內化」！

如同當年的我們，就是花了近 10 年一直鬼打牆，最後才發現自己一直在第二個階段，又花了快 7 年的時間才醒悟，而醒悟的人會突然發現，此時已不知不覺地進入到第三階段。

▌第三階段：知道自己知道

在這個階段會很明確的了解自己知道哪些觀念，不知道哪些觀念，以及適合哪些操作方式，也能評估操作的勝率有多少。

「知道自己知道」代表你已經取得股市的入門票。你可以避開前方的危險，安然入市，你可以理解「眾人貪婪我恐懼，眾人恐懼我貪婪」的真正意涵，以及如實地按照「紀律」操作！

因為你明白為什麼要這麼做，就算這樣的操作違反了一般人認知的人性，甚至會開始享受跟大多數人反著做的感覺：你很清楚即將獲得的是豐盛、甜美的果實，然後經過多次實戰交易，稍加

細微修正之後，就會進入到第四階段「不知道自己知道」。

▌第四階段：不知道自己知道

在「不知道自己知道」的階段，投資操作對你來說，就好像呼吸一樣自然。

按照之前所舉例的開車來說，你知道紅燈停、綠燈行，轉彎要打方向燈，也明白了山間小路要怎麼開，市區道路要怎麼避開塞車，高速公路要注意不要超速……，你已經越開越順手，甚至覺得開車就「應該是這個樣子」。你已經把開車的技能內化成自己的反應，早已忘記第一次開車上路時，是個天不怕地不怕、可能闖禍的危險駕駛。

在投資的道路上，你已經知道在任何價格區間應該要做的適當反應，碰上股災應該如何因應，遇到突發事件應該要看哪些指標、觀察哪些項目，應該採取什麼動作，一切都像老司機開車一樣自然。

你知道股市今天漲有可能明日會跌，明日的跌也可能帶動後天

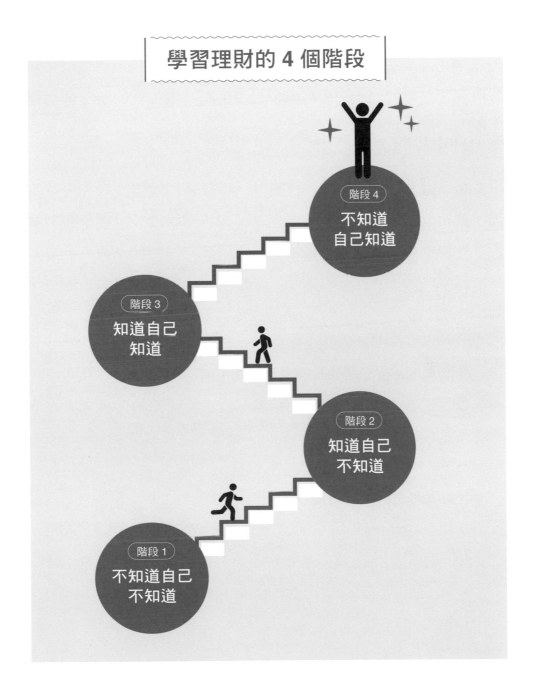

學習理財的 4 個階段

階段 4
不知道
自己知道

階段 3
知道自己
知道

階段 2
知道自己
不知道

階段 1
不知道自己
不知道

的漲勢，漲漲跌跌是再自然不過。投資變成一件簡單的事情，多數時間都是賺錢的，少數時候會出現虧損，但投資的整體效益會不斷的累積增加！

當一個人修練到最後，認為自己腦袋裡的財商真的「沒有什麼」的時候，那意味著……你已經進入第四階段，也就是到了知行合一的境界。這樣的思維邏輯適用於任何的事物學習，不論你今天是學生、主管、父母或是任何職業，過程不外乎都是這四個階段。

不可能有人在一開始投資就直接抵達第四階段，這一路的跌跌撞撞都是成長的養分，早日認清自己目前所在的階段，努力往下一階段邁進，為自己的投資「決策」負責。

不知道此刻的你，目前在哪一個階段呢？

失敗是投資必經過程

　　如果你也曾看過很多國外大師們的財商書籍，那你一定會對理財 4 個階段很眼熟，因為投資理財運用的心理學，並不是高深莫測的學問，只是有很多人根本不知道，所以也不了解該怎麼突破！這讓我想到網路上常流傳的這張圖（如下頁）。

　　其實，中國文化也早就接觸到認知心理學，亦即明代號稱陽明先生的王守仁所提出的「知行合一」，知道是一回事，但實行起來是另一回事。這也能說明為什麼人家常說半瓶水響叮噹，因為他不知道自己半瓶水，如果他知道，就會因理解自己的無知而不敢發言。

　　「股市半瓶水」的操作容易陷入「自以為長期持有」的心態，

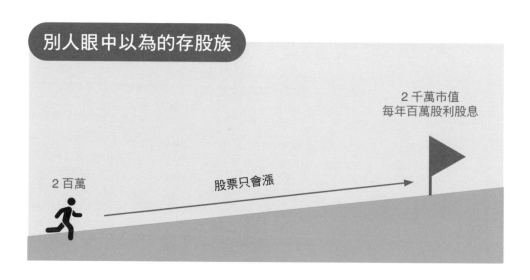

別人眼中以為的存股族

2千萬市值
每年百萬股利股息

2百萬

股票只會漲

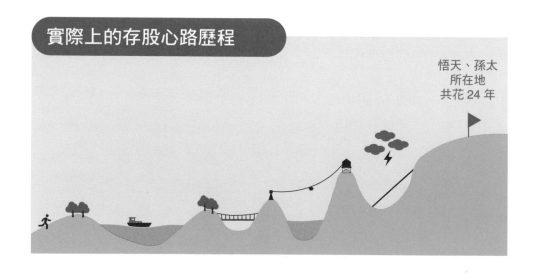

實際上的存股心路歷程

悟天、孫太
所在地
共花24年

反正股票只會上漲，跟著買進就對了，而這也能說明為什麼大多數的人喜歡小確幸，因為無知有時候也是一種幸福。

在沒有足夠的財商觀念狀態下，特別是當自己所處的是股市多頭時期（牛市），隨便買都能隨便賺錢的時機，「自信心」真的會因為一直獲利，導致被無限放大，而出現不可一世的態度。

德國最負盛名的投資人師安德烈・科斯托蘭尼（André Kostolany）說過：「決定所有交易市場價格起伏的只有兩個變數：一是人心、二是資金。」「人」才是決定價格的最重要因素，對我而言，技術狀態只和一個問題有關：「股票掌握在什麼人手裡？」

如同科斯托蘭尼在證券市場提出的一個數學公式：

公式：2x2=5-1

在這個公式裡的「減 1」就是經歷左頁下圖「實際長期持有」中的各種路況，有如漲漲跌跌的洗禮，有辦法熬過這個「5 減 1」的過程，才能真正幫助自己蛻變、成長、茁壯！

不論是學業、愛情、人生觀、價值觀，是否都是如此呢？而這也跟心理學有關！回歸到投資，你覺得有哪裡不一樣嗎？沒錯！孫太認為投資跟人生都一樣！

這就是為什麼我們在《存股輕鬆學》、《存股致勝心理學》兩本書中，沒有技術指標，沒有複雜難懂的詞彙，而是將投資財商與心理學融會貫通之後，呈現出另一種思維和觀點的原因。

▌打造自己成功 DNA，需要刻意練習

運用淺顯易懂的文章來傳達正確的財商觀念，主要是因為出書的初衷是想要「傳承給小孩」，還有提供部分版稅做公益的關係，我希望我兩個就讀國高中的孩子，能明白爸媽在股市裡的深刻體會，以及從投資大師們身上淬鍊出的財商觀念。

身為爸媽的簡單願望，就是希望孩子們將來不只是將這些觀念運用在股市，甚至從小就可以在日常生活中，運用「察覺」、「選擇」、「練習」、「習慣」的模式，打造自己的「成功 DNA」！

回想二十幾年前，剛認識悟天的時候，他對於股票的狂熱程度

已到達自創「投資交易程式」的神（經病）等級，甚至還信誓旦旦告訴孫太說：「妳看著吧！只要根據我的交易程式操作，等我當完兵之後，我們就可以在股市中賺到 2,000 萬！」事後回想，那時的他正是最典型無知的自信無限大時期，結果可想而知，我們不但沒賺到 2,000 萬，甚至還遇到金融海嘯，損失慘重，自信崩潰。

之後花了 7 年的時間才從絕望的谷底一步步爬起來，藉由持續學習和刻意練習才漸漸開「悟」，這條路，花了整整 17 年的時間。這段冗長的投資生涯，悟天跟我是在沒有人教的狀態，胡亂自己摸索，相信如果有人傳授正確的投資觀念和方法，一定可以縮短「開悟」的時間。現在我們的持股部位終於超過 2,000 萬，但距離一開始所說的時間，已經過了 24 年！

無知有多恐怖，看看我們就知道，過程中跌跌撞撞何等辛苦。

常言道「真金不怕火煉」，溫度越高，提煉出來的黃金純度越高。正因為慘賠過，才讓我們不斷的經歷那個「減 1」的過程，最終跟黃金一樣，純度越來越高，萃取出適合自己的「不盯盤」也能穩穩存股的投資方法，也就是《存股輕鬆學》提到的 SOP 倍數表（又稱為「好球帶理論」）。

股票投資成功
所必備的素質

很多網友常常會問我，如何學習正確的股票投資觀念？又或者
該用什麼樣的心態去面對持股？如何看待股災？如何評價每一間公
司？如何獲得公司營運的績效分紅？

想想看，要在一千七百多檔茫茫股海裡，挑選到優質的好公司，
還真是門博大精深的學問。

悟天常常取笑我，每天哪來那麼多時間，回覆粉絲的提問，不
但不怕苦，甚至還樂在其中。最大的原因是因為，即便每天都很忙
碌，但只要想到有機會可以幫助更多人，我的心就感到暖暖的，每
次回答股市新手的提問，都會喚起曾經是菜鳥的記憶，並且能再度
複習自己的投資觀念。

美國股票投資家彼得‧林區（Peter Lynch）曾說：「股票投資成功所必需的個人素質應該包括：耐心、自立、常識、對於痛苦的忍耐力、心胸開闊、超然、堅持不懈、謙遜、靈活、願意獨立研究、能主動承認錯誤，以及能夠在市場普遍性恐慌之中不受影響保持冷靜的能力。」

這些年，孫太深刻感受到存股的好處，除了運用 SOP 倍數表選擇投資標的提高勝率，這些年成功幫助我們打敗定存、對抗通膨之外，還慢慢增加自己的獲利收益，慢慢累積資產。

但若是沒有人教，光憑一己之力摸索實在太難，因為有很多人在學會以前，就先被股票市場淘汰出局，所以我努力向國內許多知名投資理財的前輩和達人學習，期待有一天也能擁有那些成功贏家所具備有的個人素質。

事實上，我平日裡很少看盤，只有整理 SOP 倍數表的時候，才會檢查目前個股股價和位階，這些年每年交易的次數少之又少。有一回，我遇到一個 54 歲的粉絲，說《存股輕鬆學》、《存股致勝心理學》兩本書，她通通有買來看，因為看了書之後，讓她鼓起勇氣決定開始存股，這讓我更加確信出書這件事，能實質幫助到許多

家庭開始學習存股，並改善生活品質。

　　很多人都會稱呼我們「老師」，比起「老師」這個頭銜，我更認為自己就像個陪跑員，陪伴一位又一位網友，跑向更加幸福美好的人生道路。在獲得粉絲同意之下，我擷取部分對話內容與大家分享。

粉絲回饋

悟天、孫太您們好，很高興你們願意無私的一直分享一些理財觀念！看到孫太今天的發文有感而發，態度也決定自己的高度，要大格局看長、看遠一點，不要小鼻子小眼睛！（我爸爸也常常這樣跟我說）閱讀真的很重要，可以在短時間大量吸收前輩們的精華！去年開始跟著悟天、孫太一起存股從第一年的第一張....到現在股數有少少的兩位數成長，今年的股息領到好開心，原本以前都是玩價差進出場，現在資金大部分慢慢分批買進股票，妳們出的書兩本我都有買，反覆閱讀好幾次，而且更推薦身邊朋友，先追蹤你們的臉書，某天A朋友自己開心的跟我說她買了存股輕鬆學的書，並且也規劃在每個月薪水下來後定期買進股票，我聽了好開心😸！B朋友更厲害了，聽我分享你們的存股觀念後，除了自己開始存股之外，後來得知連他的爸媽即將要退休，也拿了一筆錢開始存股，非常喜歡💕你們的分享，讓我了解有更多不同的想法！並且可以開始跟周圍朋友討論分享，看到也一起加入，這種感覺真的很棒👍

粉絲回饋

孫太你好，我要跟你們夫妻說聲謝謝～
因為你們讓我們夫妻財商知識越來越好，也因為你們夫妻我們開始學習看書，不再像以前下班就滑手機，記得孫太曾說過追劇對你來說很浪費時間～這一句話點醒我了，
我是個不愛看書的人，以往看書秒睡，從你們出書買了你們兩本書，讀完再開始看其他財商書籍，到現在每個晚上強迫自己看書，不管看多少至少每天有看，畢竟積少成多嘛！就像存錢一樣慢慢累積，看書也是每天慢慢累積，到現在我跟先生每晚睡前都會看一下書充實自己

9月17日

然後我們也開始學習著看完書整合成適合自己投資方式，還有教導孩子正確金錢觀念～ 真的就像孫太說累積越多財商知識再投資上面才不會恐慌，從去年開始進入股市領到股利到現在越來越知道該怎麼做，而不是聽信明牌……

9月17日

孫太不管在財商還是跟悟天哥及孩子相處都是我學習的對象，希望可以跟著你們腳步讓自己跟家庭越來越好

9月17日

9月17日

我一直有在關注您
也是小粉絲一枚
可算是把我從驚濤駭浪的股海中拉回來沉穩平淡的恩人

昨天下午9:57

也讓我的觀念跟投資超級保守跟穩當 雖然我現在依舊沒有棱哈
但是是為了以防萬一的市場

昨天下午9:58

投資不見得要馬上獲利致勝 我嘗試過也覺得那不是我的命

而是能夠要撐得得久
越持久越有成就

昨天下午10:02

大家都希望生活能夠變有數字感
用數字感去實現生活

但其實股票的可怕

粉絲回饋

非常 不好意思的打擾你們，我有買你們出版的兩本書，我是一個比較笨的人，第一本書 對我來說 比較淺顯易懂，第二本書 對我來說 就有點比較困難，花比較久的時間 吸收 消化。想跟你們請教 投資 比較的問題，因為怕被笑，所以只能私訊你們 不知道你們願不願意回答我，如果可以提問的話 再回答我 謝謝。

6月15日

> 謝謝支持與肯定

> 問題能試著問看看，如果我知道，可以跟您交流一下
>
> 6月15日

問題就是我現在 年齡已經54歲了，去年 遇到公司外包轉正職 被換掉，所以目前 在雲林 鄉下幫我弟弟 照顧兩個孫子女，就沒有辦法 參加勞保，因為勞保局跟我說我可以辦一次領 退休金，但只有 1000000左右，那如果等到我 60歲的時候 可以領月退 大約8000多，我想問的是如果把100萬領出來 存股 跟比 以後 領月退 哪 一個對我比較好，因為我不會算複利，只能 麻煩你們 非常不好意思。

我知道在我這個年齡 要學投資，算是非常慢了，但是看你們的書，覺得 有存股投資還是有機會的。

晚上好，自從上次跟你聊過之後，投資心情就比較篤定，從你幫我在社團發問後就開始買合庫金，計畫每個月買一張合庫金，每個月幫我女兒買一張台新金，謝謝妳的鼓勵與幫助唷！

7月7日

> 不客氣唷～一起加油
>
> 7月7日

還有你在社團po文說，什麼時候開始投資，答案就是《現在》，讓我的心更肯定，如果不踏出第一步，如何再跨到第二步，甚至更長遠的路呢？現在先一步步的走，等適逢寬廣的路再大步邁出。

能陪伴一位又一位網友，跑向更加幸福美好的人生道路，我的心也會感到溫暖！

別落入經驗陷阱

　　日前因為疫情關係，導致全國三級警戒，宅在家的時間變長，於是我在家裡參加各種線上課程，有一回主題是「經驗陷阱」，一開始我覺得這個名詞挺陌生的，深入探討後才知道，「經驗陷阱」時常出現在你我的生活圈中。

　　從悟天手裡開始接手管理臉書存股社團時，社團約有兩萬多名粉絲，接管後經過一年多經營，目前已超過 18 萬人（統計至截稿前），成長幅度驚人，但因為留言量過大，無法一一審閱，管理社團多數是仰賴臉書的「社團自動管理」系統。畢竟社團就只有我跟悟天兩位管理員，時間精力有限，加上每天新加入的粉絲就超過幾千人，所以用「社團自動管理」來協助管理，確實幫我們省下許多審核的時間，這一年多也算是相安無事。

有一次，一位社團的社員突然發訊息給我，跟我反映她被社團封鎖，言談中明顯感受到對方的怒氣，於是我立刻展開調查，由於這位社員申請的文章我才剛核准過，所以對她還有印象，因此非常確定我沒有封鎖她，更沒有將她踢出社團。

接著，我傳訊跟悟天確認，是否有封鎖這位社員？悟天表示他在上班，整天排滿會議，根本沒時間上網，更不用提管理社團的文章。

咦！真是奇怪，管理員只有我跟悟天，但我們都沒有做任何動作，那麼，為什麼這位社友會被封鎖？排除「管理員是凶手」的可能性之外，真相會是什麼？我開始如同偵探一般，抽絲剝繭尋求答案，經過幾個小時的確認後，終於發現「真凶」。

這位社員的發文，成功的引起很多人的回應，留言大量湧進貼文下方，加上社友當時在線上，很熱情地馬上回覆訊息，因為訊息量的瞬間爆增，臉書系統就將爆量的訊息判定為「騷擾」，加上那段時間詐騙橫行的緣故，社員發文或留言被網友多次「檢舉」，超過一定次數，臉書的系統會「自動」剔除，原來凶手就是臉書本人。

　　我後來跟社友說明整件事的來龍去脈，感謝她遇到問題是直接向我反映，過程中發現自己的「經驗誤區」就是認為臉書的「自動管理系統」不會出錯，卻沒想到它竟然也有盲點和錯誤。

　　同時，我從中思考如何避免再發生類似的事件，因為說不定有人也被誤踢出社團，因此產生不滿跟隔閡，說不定對方還會覺得我們耍大牌，不爽就莫名把人踢走，那豈不是誤會大了！

　　透過這件事，讓我發現管理臉書的「經驗陷阱」。過去孫太只是一般的用戶，沒有管理社團的經驗，自然會用「一般用戶」的經驗值套在遇到的事情上，甚至合理化「系統怎麼可能出錯」的舊有慣性思維。

　　透過這次的事件，讓我想起作家蔡淇華的一段話：「放棄完美主義，才可能到達完美！」做完比做好更重要，沒有人是完美的，也沒有任何一家公司是一步到位的，像我們在學習財商的過程中也是邊做邊修正，慢慢才找到適合自己的 SOP 倍數表。

▎買了就不賣是正確的嗎？

千里之行，始於足下，人不能故步自封，事情不能只看表面，當年的我們，為何會在股市滅頂，慘賠兩百萬出場？最大的原因是因為「過去的經驗」告訴我們，股票越跌越要買，藉此攤平持股成本，卻沒想到這個「過去的經驗」，變成理財的「經驗陷阱」，硬拗之後的下場就是賠慘了。

想想曾經風靡一時的底片公司柯達（Kodak），手機大廠諾基亞（NOKIA）、摩托羅拉（Motorola），電腦大廠 IBM，哪個不是曾經站在巔峰，但最後卻走下神壇。

正因如此，我們才會在《存股輕鬆學》一書中一再強調：「存股的『存』不是定存，是要觀察業績的！『股』也並非台股中所有的股票，而是經過篩選的股票！」

有些存股族主張「存了就不要賣」，這是一個邏輯問題，如果你存股是為了「永久不賣」，那你為什麼要買呢？

你是為了配息嗎？如果股價漲你也不賣，股價跌你也不賣，不

妳把這筆錢給我，我可以每年配發 6% 的股利給你，持續配發 16 年給你，因為 16 年後你得到什麼其實不重要，反正你永遠不賣股票？是吧!?

想一想 16 年前的金融股業績跟現在一樣嗎？股價一樣嗎？時空背景利率有一樣嗎？大環境有一樣嗎？BANK4.0 都快數位化了，跟以前有一樣嗎？

多年來的跌跌撞撞，也讓我們深刻領悟到，遇到問題不可怕，想辦法解決問題就好。透過一次又一次的解決問題，藉此優化自己解決問題的能力，相信下次若發生類似的事件，除了可以更快速的除錯之外，還意味著又幫自己賺到一個寶貴的經驗值。

▎調節存股，躲過股災

同樣的邏輯套用在投資理財上也行得通。有鑑於之前金融海嘯賠兩百多萬換來的「慘痛經驗」，我們觀測到 2019 年底至 2020 年 2 月，自創的 SOP 倍數表表示第一金有明顯過高過熱跡象，因而進行調節，並且在「孫悟天存股－孫太」粉絲團公開表示，因為倍數過高所以降低持股比例。

2020 年農曆年假後的開工交易日，因疫情日趨嚴重導致台股大跌，我們幸運躲過台股下殺最瘋狂的那一段時日。到了 2021 年的 3 月底至 4 月初，觀測到 SOP 倍數逐漸回穩，且美國聯邦準備系統（Fed）宣布無限的貨幣寬鬆政策，在存股標的也相對安全的低基期下，便全數建倉，意外加速了存股之路。

而這一份幸運，來自於之前的慘痛經驗，那一次的代價真的很高，但只要願意正視問題，注意不要重蹈覆轍，曾經絆倒我們的絆腳石，如今反倒成為提高投資勝率的墊腳石。

孫太 小語錄

在學習財商的過程中，
是一邊做、一邊修正！

資產、負債，
傻傻分不清楚

有一回，汽車燃料稅的繳費期限快過期了，我將準備好的錢跟繳費單放進信封袋裡，一起拿給孩子，請他明天放學後，到巷口的便利商店幫忙繳費。

「媽咪，這是什麼錢？為什麼要這麼貴？」小孩一臉好奇，畢竟一張單子就要繳好幾千元。

「這是汽車燃料稅的稅單和稅金，將來如果你有買車，也要繳稅。」

「是唷！那我以後不要買車了，我搭公車或騎 ubike 就好。」

「萬一下雨或路途遙遠時，開車帶你們出門比較方便。」我笑笑說。

「媽媽妳上回不是跟外婆說，出門搭計程車也很方便。」

這段對話也讓我想起有一次回娘家，因外面下大雨，母親正準備騎車外出，我問她：「現在正下著大雨，為什麼妳不開車？」

　　她說：「車子沒電，早就發不動了。」一問之下才知道，原來母親視線有些模糊，因為怕危險，已經有段時間不大敢開車，才會導致電瓶沒電，於是我便跟母親談了一些資產負債的想法，而母親對於「車子是負債」這觀念，不是很理解。

資產
▼
能把錢放入口袋的東西
（例如：體質完善、保值的好股票）

負債
▼
把錢從口袋拿走的東西
（例如：汽車）

　　這輛代步車，當初花二十幾萬購入，原因是當時她騎車摔倒，休養身體好一段時間，最後討論之下才買。僅使用一年多，沒想到母親視力退化速度比預期還快，幾經評估之下，我們因為擔心老人家開車的安全性以及路人的安危，建議她賣掉這台車。

為了說服她，逐條逐項列出養一台車，每年需要的基本花費是多少，母女也延續了資產和負債的話題，我告訴她何謂資產？何謂負債？不過，買車是資產或負債，並沒有一定的答案！

以買車為例，因為母親視力問題很少開車，且開車相對危險，這就是負債。但對計程車司機來說，買車是為了當「謀生工具」，並且可以「賺錢」產生獲利，這就是資產。

我陪著媽媽一一條列她養車的年度總花費：
- 汽車牌照稅 7,120 元
- 燃料稅 4,800 元
- 車子保險 3 至 4 千元
- 油錢 6 千元（因為很少開，兩個月加一次油就好，一次算 1,000 元，總計 6 次）
- 停車位 1 萬 2 千元（租金每月 1 千 × 12 個月）
【總結】必要支出為 32,920 元

而這個算法，還沒把車子例行保養、修繕費用、停車費、過路費、折舊率算進去。

母親有些擔心地問：「車賣了豈不是會因為折舊賠很多？」

「雖然賣車看似賠錢，然而未來的每一年，妳卻可以省下三萬多，10 年下來就省了三十多萬，不妨用省下來的錢搭計程車，划算又安全。」我向她解釋。

我鼓勵她將車子賣出的錢投入存股，只要標的基本面持續穩定成長，每年還可以持續領股利讓錢生生不息，母親覺得似乎有道理，畢竟這幾年她就是用股息出國旅遊，而且外加年年退稅，早已體會存股的好處，所以同意去二手車行詢問價格。

▌資產還是負債，想清楚了嗎？

不由得想起多年前讀到一篇報導，提及很多有錢人開的車子都十分平價，生活也過得很簡樸，我心想這怎麼可能？有錢人當然是要開名車才能彰顯地位才對，但在我看到「股神」巴菲特（Warren Buffett）明明身價不凡，卻樂於開一台售價約 4 萬 5 千元美金（約 137 萬元台幣）的老車；而臉書（facebook）創辦人馬克・祖克伯（Mark Zuckerberg）身家超過 2 兆，開一輛 3 萬美元（約 91 萬元台幣）的 AcuraTSX，讓我徹底改變有錢人看待車子的觀點，沒想到這些超級大富翁對金錢的態度都這麼重視，甚至只將車子定義為代步而非炫富的工具。

同時孫太也有另一層的體悟，真的要趁年輕，趕緊幫老年的自己做資金分配，當個身體健康的存股族，才有辦法優雅的老去。

把身體顧好、做好資金分配、妥善利用理財工具財富自由，讓子女無後顧之憂，當個有尊嚴的老人。最後孫太想邀請你思考一個問題，對你而言車子是想要？還是必要呢？

孫太 小語錄

馬虎的投資方法，是投機行為。

掌握市場週期，
等待好球用力揮棒

　　我兒子很愛吃芒果，嘴饞的時候常常黏著我去買給他吃，以下是我們屢屢出現的對話，藉此分享「市場週期」這個觀點。

　　有一回兒子跑來問我：「媽媽，什麼時候才可以吃芒果？」

　　我回他：「等芒果產季的時候，就可以大吃特吃了」

　　「為什麼不能天天吃？」

　　「因為當季水果新鮮又便宜，芒果盛產時，可能三斤才賣一百塊，但如果並非產季，那麼貴的時候價格可能就會漲三倍，變成一斤一百。」

　　兒子說：「這也差太多了吧！」

　　「對呀，如果要吃，當然是等產季的時候吃最划算。如同股市一樣，價格高低起伏，很難掌握最低點，孩子～只要你掌握到市場

週期，如同抓住芒果的產季，那麼就能用相對便宜的價格，買到新鮮便宜又美味的芒果（標的），知道嗎？」

「喔～那是不是只要我能掌握到芒果的『成長週期』，就可以吃到便宜又好吃的芒果啦。」

「答對了，很棒唷！」

市場週期本身就是門艱深的知識，橡樹資本共同創辦人霍華・馬克斯 （Howard Marks） ，光是為了闡述「市場週期」這件事，就寫了厚厚一大本書。由此可見，一般散戶對於掌握市場週期並不容易，且無法立即理解。所以我用孩子最喜歡吃的水果當例子，幫他建立「市場週期」的概念，以芒果的「成長週期」，來形容「市場週期」，讓他知道買東西如果能掌握「成長週期」，當成本買在相對低點，就能享受豐碩的成果。

很多粉絲會進一步問：「什麼時候是相對的低點？」

答案是「當好公司遇到衰事，也就是股災來的時候」。

以第一金為例，從 2015 年開始存股之後，就讓我們經歷了「2015 年的 TRF 股災、2016 年的 8,000 萬 ATM 盜領案、2016 年川普當選美國總統、2017 年慶富案、2018 年 10 月股災、2019 年

潤寅詐貸案、2020 年新冠肺炎股災、2021 年本土疫情爆發等」重
大事件，身為長期價值投資人，要有眼光去判斷，這次的股災（事
件）是否會帶來長期性的影響？還是只有短期的影響？

用 SOP 倍數表，確認好球帶

　　理財達人或專家都有自己的買賣依據或熟悉的領域，而我們夫
妻是用《存股輕鬆學》這本書所提到的 SOP 倍數表（好球帶理論），
也就是在「好球帶」時揮棒；倍數表裡並提供「確認好球帶」的參
考方式， 讓我們從 2015 年存股以來，獲利約 100%，保守估計達
到平均年報酬 13%。

　　而 2020 年新冠肺炎股災，也透過 SOP 倍數表進行理性分析，
股災前因「倍數過高」而調節持股，避開大規模的跌幅。2020 年 3
月 19 號時，SOP 倍數也顯示很多檔股票都進入合理買進區，於是
在 4 月初左右大量建倉買股，以第一金的股數來計算，光單一次的
股災，一來一往之間，在相同的成本下就多買了 44 張。

　　利用 SOP 倍數的好處是，可以避免大漲時貪婪的慾望，下跌
時恐懼的心理，一切照「表」操課，紀律執行。好球來時要努力

選購金融股的時間點

8 月 ▶ 　除權息股價低

9 月 ▶ 　股價還在回神

10 月 ▶ 　進入第四季業績較低迷

11 月 ▶ 　開始打年度呆帳

12 月 ▶ 　開始打年度呆帳 + 聖誕節後新曆年

　　　　 外資放假＝交投清淡

1 月 ▶ 　新曆年外資還在放假

2 月 ▶ 　農曆年＝工作天數少＝業績本來就難看

3 月 ▶ 　開始召開董事會

　　　　 開始宣布去年的配股配息資訊

4 月 ▶ 　開始業績翻升＋釋放今年度展望

5 月 ▶ 　業績逐步回升

6 月 ▶ 　召開股東會再搭配一波除權息行情

7 月 ▶ 　進入新的除權息旺季

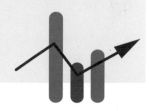

揮棒，壞球來時要能夠忍住！真正落實不看盤投資術，存股就是這麼輕鬆簡單，平日要做的就是「等待」，等股價進入好球帶時，才需要用力揮棒！

　　如同一開始提到芒果的例子，我告訴孩子芒果有「出產的季節」，而他唯一要做的就是「等待」，等進入芒果的產季時，就有吃不完的芒果，讓他明白付出時間「等待」，迎接他的即是豐盛的芒果宴。總之，當你尋找出一套適合自己的方法，有辦法幫助你觀測大盤，這樣就能協助自己「掌握市場週期」，提高勝率，何樂而不為呢？

孫太 小語錄

存股就是這麼輕鬆簡單，平日要做的就是「等待」，
等股價進入好球帶時，才需要用力揮棒！

存股 SOP 倍數表

（步驟 1）**先下載存股倍數表的 EXCEL 表格**

網址下載 https://reurl.cc/zWLZEN
或掃描右邊 QR CODE

★小提醒★
加入社團之後，建議用電腦打開網址，以方便操作！

（步驟 2）**查詢股票的股價、淨值及現金股利**

可以直接進入 YAHOO 股市→輸入股票（第一金 2892）
→點選資本資料，或是上公開資訊觀測網站即可。

● **第一金目前的股價為 23.85 元**

● **淨利為 17.15 元**

● **五年股利發放數據**
以第一金為例，近五年股利發放數據如下：

年分	現金股利 （元／股）	股票股利 （元／股）	股利總和 （元／股）
2021	0.90	0.10	1.00
2020	1.05	0.30	1.35
2019	1.00	0.10	1.10
2018	0.90	0.10	1.00
2017	1.20	0.20	1.40

（以上數據統計至 2021 年 11 月）

填入現金股利、股票股利

填入近 5 年的現金股利和股票股利，
然後可以看到現金股利平均為 **1.01**，股票股利平均是 **0.16**

2892	第一金				倍
現金股利					五年平均現金股利
第一年	第二年	第三年	第四年	第五年	
1.2	0.9	1	1.05	0.9	**1.01**
股票股利					五年平均股票股利
第一年	第二年	第三年	第四年	第五年	
0.2	0.1	0.1	0.3	0.1	**0.16**
淨值	目前股價	**目前買進需幾年到淨值**			
		需要			年
建議買進價 (元) 以下		**建議賣出價 (元) 以上**			
0.00		0.00			

步驟 4　填入淨值及目前股價

● 第一金目前的股價為 23.85 元
● 淨利為 17.15 元

2892	第一金				倍
現金股利					五年平均現金股利
第一年	第二年	第三年	第四年	第五年	
1.2	0.9	1	1.05	0.9	**1.01**
股票股利					五年平均股票股利
第一年	第二年	第三年	第四年	第五年	
0.2	0.1	0.1	0.3	0.1	**0.16**
淨值	目前股價	目前買進需幾年到淨值			
17.15	23.85	需要	6		年
建議買進價 (元) 以下			建議賣出價 (元) 以上		
0.00			0.00		

步驟5 填入可以接受的時間倍數，建議是 **3~6** 倍

我們建議，金融及傳產股為 3~6 倍，電子股抓 4~10 倍，
此倍數沒有一定的標準，端看個人的耐受度。

2892	第一金	3	~	6	倍
現金股利					五年平均 現金股利
第一年	第二年	第三年	第四年	第五年	
1.2	0.9	1	1.05	0.9	**1.01**
股票股利					五年平均 股票股利
第一年	第二年	第三年	第四年	第五年	
0.2	0.1	0.1	0.3	0.1	**0.16**
淨值	**目前股價**	**目前買進需幾年到淨值**			
17.15	23.85	需要	6		年
建議買進價 (元) 以下			**建議賣出價 (元) 以上**		
21.07			23.78		

（步驟6） **參考「買進價格」及「賣出價格」**

在填入以上數字之後，表格下方會出現建議「買進價格」及「賣出價格」，建議第一金在「買進價格」以下購入，大約 3 年內可以降成本至淨值；6 倍則是指第一金在建議價格以上買進的話，需要超過 6 年才能降低成本到淨值。

2892	第一金	**3**	～	**6**	倍
現金股利					五年平均現金股利
第一年	第二年	第三年	第四年	第五年	
1.2	0.9	1	1.05	0.9	**1.01**
股票股利					五年平均股票股利
第一年	第二年	第三年	第四年	第五年	
0.2	0.1	0.1	0.3	0.1	**0.16**
淨值	目前股價	目前買進需幾年到淨值			
17.15	23.85	需要	6		年
建議買進價 (元) 以下		建議賣出價 (元) 以上			
21.07		23.78			

表格內容僅為《存股輕鬆學》的思維範例應用！

下單投資前煩請多加判斷，不要作為買賣唯一依據。

若想閱讀更詳盡的存股倍數表思維，建議搭配《存股輕鬆學》一書。

PART 02

存股 7 年穩賺股息，
提前財務自由

- 挑戰自己，走出舒適圈
- 理性判斷「價值」，不被「價格」所蒙蔽
- 存股 SOP 倍數表的精神
- 以殖利率選股有盲點
- 比較好「估值」的股票，有幾個特性？
- 幫自己設定具體目標
- 量化預計花費，算出退休時間
- 退休是為自己而活的第二人生
- 制定財富自由的 4 個階段
- 餵養核心資產，啟動滾雪球計畫

如何建立退休目標的觀念和技巧？如何幫自己量化退休目標？通往財富的 4 個階段為何？「核心資產」和「衛星資產」如何配置？努力突破上述關鍵，才能打造財務自由的第二人生。

挑戰自己，走出舒適圈

　　投資家查理・蒙格（Charles T. Munger）曾給年輕人忠告：「每天起床的時候，努力變得比從前更聰明一點，這種進步不一定會很快，但能為『快速進步』打好基礎。」我認為查理・蒙格的這句話，恰恰應證了「學習」跟建立「原子習慣」的重要性。

　　人往往都有自己的盲點，在考慮事情的關鍵點時，不應該只有單方面思考，這樣容易產生認知偏差，反而會落入「經驗陷阱」之中。在離開舒適圈時，有不適感是很正常的事，畢竟每個人早已習慣原本的生活模式，因此必須知道自己身在何處，才能決定要往哪一個方向前進。所謂「三人行必有我師焉」，儘可能這一路上多結交對我們成長有幫助的人，如果有幸遇到良師益友，請務必好好珍惜。

　　如同最初的我們，原本是一名不折不扣的股市敗將，慘賠幾百萬之後，最後因著對孩子們的愛，選擇從頭出發，一步一腳印，努力閱讀、上課，甚至跑去銀行工作，目的只有一個，就是從中學習正確的財商觀念。

　　剛開始學習投資理財真的非常辛苦，彷彿重新經歷 16 歲那年在餐廳打工的日子，當時的店長推薦台灣觀光教父嚴長壽的著作《總裁獅子心》，書中描述學歷僅有高中畢業的他，從美國運通公司的傳達小弟開始做起，28 歲當上經理，32 歲已經是亞都麗緻大飯店的總裁，這樣的生命歷程實在太激勵人心，也成為孫太敬佩的服務業前輩。

　　孫太不喜歡喧鬧的環境，當年在餐廳工作的休息時間，同事們喜歡聚在休息室一起聊天、看電視，但孫太卻勤跑圖書館，除了有安靜的空間，還有免費冷氣可以吹，最棒的是能參加許多不定期的講座。圖書館真是一座寶藏，在辛苦工作的那段歲月，有它的陪伴讓我覺得很幸福。

　　記得有一回參加一個演講，演講者表示生命中一定要遇到兩種人，一種是你可以幫助的人（給予）；一種則是能幫助你的人（成

長），若有機會遇到這兩種人，務必好好珍惜。

《一萬小時定律》及《刻意練習》兩本書中提到，面對有挑戰性的事物時，刻意練習挑戰自己，走出原本的舒適圈以及恐慌區，是讓自我成長最快的路徑。孫太在經歷許多人生的挫折、困境，深刻體悟到世界上沒有人能打敗自己，唯一要挑戰的敵人只有昨天的自己，因為「外面沒有別人，只有自己。」

堅持努力才有機會打破自己的舒適圈，不斷的反覆計畫，落地執行，從中思考修正，最終融合為自己的獨門功夫，會帶來無比成就感。

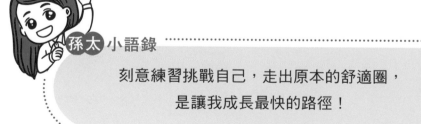

孫太 小語錄

刻意練習挑戰自己，走出原本的舒適圈，
是讓我成長最快的路徑！

理性判斷「價值」，
不被「價格」所蒙蔽

投資人在股市中總是在做「估值」的動作，只是賠錢的人常常估不準確，那什麼是「估值」呢？

簡單來說，你在買進一檔股票以前，不管用什麼方法，一定要仔細評算過，現在這個價位買進是「划算」的，甚至是「便宜」的，因為後續還會漲，所以在這個價位買進有利可圖。

評斷出股票是否值得買進，有的人是用「技術指標」、有的人是用「籌碼面」，有的人跟我們一樣用「基本面」進行估值，接著就能明白，為什麼很多商品週期短的電子股或是景氣循環股不太適合「存股」。

因為既然要估值，當然希望是買在評估價值大於價格的時候，但有兩種類別的股票很難估值！

▌難以估價的股票類型

第一種是商品週期性快速的電子股。

原因很簡單，也許這個商品一上市後馬上火紅，但有的僅是曇花一現。至於商品的週期有多久？能紅幾年？幾個月？則難以評估。

第二種則是景氣循環股。

這類型的股票，長期都在沉潛的狀態，因為景氣的因素有可能業績開始暴漲，當然這類的股票適合買在暴漲前，但很難預估「何時」才會開始暴漲？有時要等上 3 ～ 5 年，有時一抱就必須是十幾年，很像俗話所說，「3 年不開張，開張吃 3 年」，所以也很難「估值」！

還記得紅極一時的口罩概念股，恆大（1325）這檔股票嗎？

在疫情未爆發之前，恆大（1325）股價長期徘徊在 20 元，結果因疫情初期口罩需求量大增，市場供不應求，業績跟著水漲船高，股價也一路飆漲到 180 元，之前每股盈餘（Earnings Per

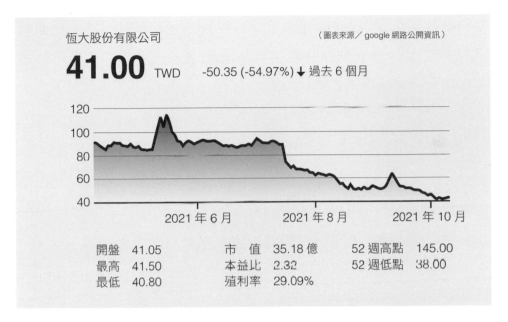

恆大股份有限公司 （圖表來源／google 網路公開資訊）

41.00 TWD -50.35 (-54.97%)↓ 過去 6 個月

開盤 41.05	市 值 35.18 億	52 週高點 145.00
最高 41.50	本益比 2.32	52 週低點 38.00
最低 40.80	殖利率 29.09%	

▲ 從 2020 年新冠疫情爆發之後，恆大（1325）股價最高約 180 元，但在 2021 年 10 月 13 日的股價僅剩 39 元。

Share, EPS，以下簡稱 EPS）有賺到 1 元就很好，但光 2020 年恆大（1325）的 EPS 就賺進 23 元。

當時許多投資人認為在 180 元買進算「便宜」，因為一年的 EPS 成長 20 倍，而股價才漲 6 倍，由此可見股價被低估了，加上新冠疫情持續延燒，人人都需要戴口罩，更讓投資人認為前景可期。但經過一年多，疫情仍持續蔓延，口罩的需求逐漸回穩，恆

大（1325）不僅沒再創新高，2021 年 10 月 13 日的收盤價更僅剩39 元，這就是景氣循環股難以被估值的地方，因為其商品週期會隨著外在因素而突然轉變，有可能更好，當然也可能更壞。

然而，若你剛好是長期持有恆大（1325）股價約 20 元的股東，獲利仍然逾 100%。不過，如果你是聽信坊間或是估值錯誤的投資人建議，買在股價 100 元甚至 150 元以上，現在也只能祈禱這檔股票每年能持續獲利了，但想再次出現激情行情實屬不易。

總而言之，請大家除了理性觀察股票的業績表現之外，慎選標的也非常重要，在此分享選股的 5 大法則，若想要更清楚知道SOP 倍數表的精神，建議花點時間研讀《存股輕鬆學》一書。

選股 5 大法則

1. 選擇體質健全的公司 (連續 5 年 EPS 大於 1 元)
- EPS 持續成長
- 最好每月公布盈餘
- 要注意的是，有些公司只公布營收，但營收好並不表示每股盈餘會跟著好

2. 選擇股價穩定度高的公司 (股本大於 300 億元)
- 股本大於 300 億元（量大好買賣）
- 股本大一點的公司比較穩定（籌碼多不容易被人為操弄股價）
- β（Beta）值小於 1（波動度比較小，代表股價平穩）

3. 每年配發股利股息 (存股護城河)
- 選擇近 5 年每年現金股利 >0.5 元的標的，或近 5 年每年股票股利 >0.5 元的股票

4. 股價不能離淨值太遠
- 建議選擇股價淨值比（股價 ÷ 淨值）<2.5 的公司

5. 股性相合
- 挑股性就是挑對象的個性

存股 SOP 倍數表的精神

　　回想當年我們兩人都在股市慘賠出場，所以一開始，悟天對於當時盛行的「存股」，不但嗤之以鼻，甚至十分「感冒」，為此還跑去臉書的各大存股社團「踢館」，成了「反存股族」好一段時間。

　　至於我，則設法尋找賠錢的真正原因，後來則選擇在心理學下功夫，取得了美國的心理學相關證照，甚至為了了解金錢的運作模式和學習錢滾錢的方法，進入銀行工作一陣子。

　　越深入研究，相較於「只買不賣的存股方式」，我們發現「價值投資」的可行性，於是在 2015 年決定重返市場，不再走老路，而是重新調整自己的心態，當自己是公司的股東，慎選長期的投資標的。

對於投資操作的方式，我們夫妻倆研究多位大師的投資心法，最後依據股神巴菲特的「棒球理論」所提到的，唯有球進入好球帶、進入揮棒的範圍，我們才會選擇出擊，至於打擊出去之後是什麼結果則不預設立場。畢竟股市是隨機漫步，雖然不可能每次擊出安打，但不揮棒也就沒有被三振的可能，經過這些年運用 SOP 倍數表選股的驗證，真的有效提高擊球的成功率。

▍運用 SOP 倍數，躲過股災

股市上最難做到的兩件事，是「接受損失」和「不贏小利」。我覺得更難的是擁有獨立的見解。

誠如德國股神安德烈·科斯托蘭尼曾說：「買股票時需要有浪漫的想像力，賣股票則需要理性現實，在這兩者之間則是要睡覺。」

科斯托蘭尼在德國投資界的地位，就如同股神巴菲特在美國的地位，其中最著名的「遛狗理論」正是出自於他，而「遛狗理論」對我們影響深遠。理論指出：「有個人牽狗在街上散步，狗跑到前面，一會兒又折返回到主人身邊，接著狗又跑到後面，看到自己離太遠，又跑回主人身邊，狗總是這樣前前後後跟隨著主人，最後他們到達同一

個目的地，主人慢悠悠地走了 1 公里，狗卻來回跑了 4 公里。」這個主人就是業績，而狗就是股價。

融合了巴菲特的「棒球理論」和科斯托蘭尼「遛狗理論」的精髓，我們打造了「SOP 倍數表」，成為我們判斷存股價值的方式，而簡易的公式為：

（原始股價－現金股利）÷（1＋股票股利÷10）。

SOP 倍數表公式： $\dfrac{（原始股價－現金股利）}{（1＋股票股利÷10）}$

以金融股為例，當投資標的倍數介於 0 ～ 3 時分批買進，若倍數介於 4 ～ 6 時則將個股列入觀察區，若多數的投資標的倍數大於 6，就會分批調節持股或換股操作。透過這個公式操作並按照紀律執行，讓我們提前在 2020 年 2 月調節持股，躲過 3 月發生的股災。

▲ 截至 2021 年 9 月，第一金（2892）參與當年度除權息的持有張數為 723 張。

（圖片提供／孫太）

　　回想 2019 年《存股輕鬆學》出版時，我們持有三百多張第一金
（2892），這兩年維持以往的消費習慣，依舊過著平凡簡樸的生活，
因為疫情緣故無法出國旅遊，更省下旅費，加上每年的配股配息全數
投入股市，經過複利效應，截至 2021 年 8 月，第一金（2892）的持
有張數已翻倍來到 723 張，而我們仍持續在存股之路上前進。

以殖利率選股有盲點

　　孫太和悟天最愛在飯後天南地北的聊天，尤其喜歡談論任何有關財經的議題，有一次我們探討以「殖利率」挑選股票的優缺點。悟天劈頭就說：「以殖利率買股會有盲點。」經過一番激烈討論之後取得共識，以殖利率進行股票買賣真的會有「盲點」。

　　正確來說，應該是要以「業績」評估股價的好壞，就如同德國股神安德烈‧科斯托蘭尼的「遛狗理論」，主人是業績，小狗是股價，股價不管怎麼漲跌，總是會在主人附近，不會離太遠，所以股價應該要以「業績」作為評估考量。

▎以殖利率選股的 3 大盲點

以殖利率評估買股票會有盲點的原因很簡單：

① 業績好的時候，配息 2 元，股價在 40 元，殖利率 5%

② 業績持平的時候，配息 1.5 元，股價在 30 元，殖利率 5%

③ 業績差的時候，配息 1 元，股價在 20 元，殖利率 5%

如果你認為殖利率 5% 就可以買進，那股價 40 元、30 元、20 元都是 5%，那就有可能從 40 元買到 20 元，然後告訴自己都是買在殖利率 5% 的時候。當然也有可能是從 20 元買到 40 元，除非你「一直都在買進」，才有可能知道股價的變化，若殖利率都相同，單看它就沒有差別，這就會造成盲點。

也有人會說應該是在殖利率 6% 時買進、殖利率 4% 時賣出，讓我們再算一次：

① 業績好的時，配息 2 元，股價在 33 元買進，在 50 元賣出

② 業績持平的時候，配息 1.5 元，股價在 25 元買進，在 37.5 元賣出

❸ 業績差的時後，配息 1 元，股價在 16 元買進，在 25 元賣出

但重點在於股價通常在 50 元，不是因為配息 2 元，而是因為業績好，配息在 2.5 元的時候，殖利率仍是 5%；而股價出現 16 元的時候，通常也不是因為配息 1 元，而是因為業績差，配息只有 0.8 元，殖利率仍是 5%。

所以，必須思考的是股價漲跌到底是因為殖利率的關係，還是因為業績好壞呢？相信答案顯而易見，當然是因為「業績」。

在評估是否入手時，我會觀察個股每月或每季的業績表現，而不是只看殖利率，因為業績是先行指標，殖利率是後顯指標。

經過上述的解析，相信大家應該可以明白以殖利率買賣股票可能產生的盲點，用我們的實戰經驗來看，買股票更好的方式是「估值」。

比較好「估值」的股票，
有幾個特性？

如何計算出一家公司的股票合理的價值，在此提供兩種比較好「估值」的股票特性：

❶ 業績長期不會差距過大，因為這樣比較好估值。

❷ 股價長期穩定，不太會有景氣循環的影響，這類型的股票比較好估值，也比較適合作為「存股」的標的。

每個人有每個人估值的方式，每個投資門派亦有自己的投資觀念，我們本身是偏保守的價值投資派，這些年運用悟天「SOP 倍數表」估值，在價格位於合理區的位階時才出手布局，買進後持續觀察業績表現，多年的存股習慣延續至今！

存股 SOP 倍數表的精神是結合美國股神巴菲特的「棒球投資理論」，以及德國股神安德烈·科斯托蘭尼的「遛狗理論」，延伸出簡單的估值方法。

但我們在操作的同時，會堅持在「低位階」的時候買進，「高位階」時觀察甚至進行調節。

理性判斷目前的「價值」，不至於被「價格」所蒙蔽，很多人買進的當下是因為「期待漲價」，但我買股票不是因為期待它馬上會漲，而是因為在這個位階買非常「值得」！

而人有時候會因為「氛圍」蒙蔽了自己的理智，在股價漲多了之後一直想去追價，最後可能會追在「高位階」的價位區，又或者是在股價下跌時擔心會虧損，而出脫在「低位階」的持股！

這都是「人性」的貪婪和恐懼所使然，所以善用 SOP 倍數表可以輔助交易思維，看到自己的盲點，理性判斷目前的股票價值，而不被價格蒙蔽。每檔股票都有常處於的「倍數區間」，只要細心觀察就能掌握脈絡。

　　不過我還是得強調，請注意 SOP 倍數表比較適合，業績穩定的估值判斷法並不適用於產品週期短、業績忽高忽低的產業或景氣循環股。

　　請問你是否曾經被股票價格蒙蔽嗎？

孫太 小語錄

選股時，不能只看殖利率，
要先看「業績」！

幫自己設定
具體目標

　　哈佛大學在 1979 年曾對商學院 MBA 學生做了一個調查：「有多少人，對未來設定出明確的目標？」

　　根據當時的調查結果顯示：84% 的人，沒有明確的目標；13% 的人，有明確的目標，但沒有寫下來；3% 的人有明確的目標，並且有寫下來，甚至包含詳細的執行計畫。在十年之後，哈佛大學重新對當年的這些學生做了調查，有了重大的發現。

　　13% 有設定目標，但沒有寫下來的人，他們的收入比沒有明確目標的人，平均高出 2 倍；而 3% 有設定目標，且有寫下來、並訂出詳細執行計畫的人，他們的收入比沒有明確目標的人，平均高出 10 倍！換言之，沒目標的人，如果平均月收入是 3 萬塊，那

有寫下目標並實行的人，月收入就是 30 萬。

所以，每當有人問我「請問你們怎麼有辦法，在短短幾年的時間，讓 200 萬變成 2,000 萬？」我都會先鼓勵對方，先思考一個問題：「退休要過什麼樣的生活？」透過自我評估及想像，才有明確的自驅力，在遇到困難時，不被擊倒。

很多人都羨慕孫太現在的生活模式，反觀自己的生活載浮載沉，甚至不知道下一步該怎麼辦？其實，一開始我也是模模糊糊的，經過很多年，不斷的摸索、修正，才慢慢了解，第一步就是要先幫自己設定明確目標。

我想成為時間的主人，不想天天為五斗米折腰，還要打造自己的第二人生，於是認定目標為：提早退休！這個念頭一直深植在我心，陪伴我熬過無數個難關。

之前看了老黑寫的書《45 歲退休，你準備好了？》，才讓我的想法更為具體，外號「老黑」的田臨斌，曾任石油公司大中華區業務總經理，在正值位高權重、事業巔峰時，選擇從職場退休，當時年紀才 45 歲，便開始過著「自我實現」的樂活人生。從一位

高高在上的 CEO 變成一名街頭藝人，考量房價、物價，最後與老婆選擇在發大財這個城市落腳，並且開始環遊世界，過著人人稱羨的生活。老黑在書中提到「退」的目的不是「休」的觀念，退休是轉換成自己喜歡的生活型態。

　　前嘉裕西服總座江育誠，當時也正值人生高峰，從 52 歲開始規劃 10 年後的退休大計，有意識的刻意計畫並練習將來的退休生活，在規劃好退休計畫後便照表操課，過上自己想要的生活。

　　我也跟隨這個理念逐步實現自己的夢想，在 2020 年從職場退休，那時還不到 40 歲。

　　建議大家思考真正想過的生活樣貌，給自己設定一個明確的目標，有計畫且勇敢地朝這個方向前進，一路遇到的困境與難題，都會因為你的堅持而迎刃而解，因為有目標就會有動力！

請給自己設定一個明確的目標吧！

量化預計花費，
算出退休時間

到底需要多少錢才足夠支應退休生活所需？先讓我做個譬喻。

許多書籍跟研究均提到一個觀念，大腦就像肌肉，找對方法就可以強化它。有一回我聽了洪蘭教授的演講，她說：「大腦皮層分為頂葉、額葉、枕葉和顳葉，及其與情緒、視覺、聽覺、知覺的關聯。行為來自大腦的決策，大腦產生觀念，觀念引導行為，行為產生結果後，會回過頭去改變大腦，是一個不斷循環的歷程，且神經元用進廢退，沒有用到的神經迴路會被修剪掉，所以心智健康是操控在自己的手上。」

既然人生是掌握在自己手裡，那麼就試著學習，反正最壞的事情都遇過了。

　　一開始我對退休的生活型態和想像非常單純，只是想要在退休時不用為經濟煩惱。於是認真計算每月的基本開銷，省點花每月 3 萬元就足以應付生活，所以設定一年要有 36 萬元的現金流，量化退休生活的預計花費，就可以估算出距離可以退休的時間。

　　我的如意算盤是：假設以投資報酬率 6% 計算，這樣有 600 萬元就可以退休了（簡單算式：600 萬元 ×6% ＝ 36 萬元）。最初只是先假設退休金需要 600 萬元，預計 20 年後退休，這樣反推每年至少存 30 萬元，換言之一個月就要存 25,000 元。

　　「人因夢想而偉大。」多年後看當時自己對退休的規劃，實在是好傻好天真，但因為當初的單純相信，才有機會走到今天。

▌老後的花費，會比退休前高

　　隨著生活藍圖越來越清晰，並且透過大量閱讀，吸收了更多資訊，還有遇到母親因膝蓋問題而退休的事情，讓我在離開職場後才發現，最初設定退休後的 3 萬元生活費實在過於保守。原本以為老了不需要花到大錢，卻沒想到這幾年母親進出醫院的頻率與花費，已完全打破我的觀念，發覺年老後的花錢速度真的比退休前更快。

由於家母退休後在家裡的時間變多了，很多人以為待在家就不會亂花錢，除了信仰之外，沒想到母親因為膝蓋問題不能出遠門，有時在家太無聊打開購物頻道殺時間，還買了一堆不實用的商品，退休之後的花費無形之中就增加了。

所以，孫太發現除了規劃退休金之外，更重要的事情是優先規劃退休後的生活，找到自己真正的興趣，或是結交一群志同道合的好友，當然健康問題、運動、人際關係等也要考量，於是從休閒娛樂、運動、旅遊、交際等面向進行思考，重新擬定進階版的退休規劃如下：

（A）基本生活開銷一年保守估算 36 萬元。

（B）休閒娛樂 5,000 元、健身房運動 1,000 元、旅遊 5,000 元、交際費 3.000 元，保健食品、醫藥費 6,000 元等，加總每月估計為 20,000 元，一年就是 24 萬元。

A＋B 的結果，一年要準備 60 萬元的退休金。

假設以投資報酬率 6% 計算，退休金需要 1,000 萬元，預計 20 年後退休，在每年的配股配息都花掉的情況之下，每年需要投入 50 萬元，換言之每月要存 42,000 元。當然配股配息若持續投入，則存錢速度會加快，所以有明確的人生目標是非常重要的事。

進階版的退休規劃			
規劃 A		規劃 B	
基本生活開銷 $ 360,000		休閒娛樂	$ 5,000
		健身房運動	$ 1,000
		旅遊	$ 5,000
		交際費	$ 3,000
		保健食品、醫藥費	$ 6,000
每月 3 萬元		每月 2 萬元	
總計　$ 36 萬元		總計　$ 24 萬元	

一年退休金花費　總計 $ 60 萬元

退休是為自己而活的第二人生

　　這幾年對退休的定義，已轉變為「活出自己喜歡的生活方式」。孫太發現很多人一輩子庸庸碌碌，為家庭、為孩子、為他人奮鬥一生，卻忽略傾聽自己內心的聲音，所以退休對我來說，是為自己而活的第二人生。

　　到目前為止，孫太對於退休生活很滿意，像是做喜歡的事情，意外結交不少志趣相投的好友，找到自己的興趣和職志。

　　因為退休就代表失去工作收入，而投資的股票、退休金每年都能穩定配發現金流來支撐生活開銷，所以我們的投資標的多以穩定度、發展性、規模大等作為選股的標的。

　　至於到底需要多少錢才足夠支應退休生活所需？我認為這一題沒有標準答案，因為每個人想要過的生活不一樣。

　　若是以我個人的觀點，在身體健康為前提之下，生活樸素簡單、不用天天吃五星級、到處旅遊，以目前的物價水平來看，每年擁有現金流 60 萬元，可以支撐基本生活所需。假設投報率 6% 計算，準備 1,000 萬元退休金就足夠了，但也有人一年要花 300 萬元才夠用，反推回去那麼本金就是 5,000 萬元！

　　悟天曾說：「退休時間越久，資產反而越多，因現金流的水流逐步壯大，讓退休生活更穩健。」他常常自我調侃，說自己是天生勞碌命，閒不下來，因此他的心中並沒有「退休」的選項，只有想辦法讓資產持續擴大，擁有穩定的現金流，讓現金流能夠導引到投資好資產，再產生穩定的現金流，維持錢滾錢生生不息的循環。所以退休預備金要多少才夠沒有標準答案，端視你想要過的退休生活而定。

　　從現在開始，你也可以寫下想要的退休生活樣貌，計算出退休後每月的生活開銷，以及想要退休的時間。有了具體的目標、有限的時間，且估算了明確的金額，接著就是想辦法透過投資理財創造穩定的現金流，輕鬆迎接退休生活。

今天孫太想邀請你思考：

● 你想過什麼樣的退休生活呢？

● 目前有穩定現金流嗎？

● 距離退休還差距多少呢？

孫太 小語錄

老年生活花費不可小覷，
必須及早準備。

制定財富自由的
4 個階段

　　多年前，我們在股市慘遭滑鐵盧出場，便開始拜師學藝，學習各路門派的投資方法，除了閱讀國內外財商專家書籍，孫太也上過許多資產規劃的課程，還跑到銀行上班，期間取得多張金融證照；後來為了鑽研心理學了解潛意識的運作模式，特地研習心理學相關專業，甚至獲得心理學相關專業證書，不間斷地努力，唯一支持我們的動力就是：

　　「不要將自己理財失敗經驗傳承給小孩，更不希望將貧窮世襲給我們的下一代。」

　　為此夫妻倆從更多面向了解「金錢」以及「理財」觀念。其中有很多老師跟專家都提到「核心資產」及「衛星資產」的概念，

當時對於這些觀念無法體會，但資產配置的觀念在心中生了根，離開職場這一年多的親自驗證，讓我的想法又有了改變。

因為家裡有長輩的關係（婆婆和娘家媽媽），再加上我自己要「退休」，因此便開始研究，老後到底需要多少花費？

以孫太為例，對於老年生活初步規劃了財富自由 4 個階段：

● 第 1 階段：分析每年的必要支出，將每年被動式收入設定為 36 萬元。

● 第 2 階段：參考家母退休生活的花費、各項政府統計資料、以及長照費用等有可能的支出，將被動式收入提高到每年 60 萬元。

● 第 3 階段：考量通貨膨脹、國人平均壽命逐年提升等外在因素，為了使退休生活更加無虞，且在悟天仍在職有生產力的同時，將被動式收入提高至每年 120 萬元。

● 第 4 階段：當資產達到一定程度，就能透過專業稅務人士

將資產逐年轉移至「信託基金」，並委請律師處理相關文件，讓孩子們知道父母親的資產狀況，以備不時之需。

▎優雅的老後，留愛不留債

有一回我看到一份資料，綜合內政部統計處、衛福部的統計資料指示，國人平均月消費支出大概是 20,000 元，65 歲以上的國民平均住院及醫藥費用每年大約是 7 萬 2 千元，長照費用每個人一生大約是 193 ～ 578 萬元。

此資料統計至 2018 年，我個人保守推斷，伴隨著通貨膨脹的關係，老了之後的花費可能會持續增加，由此可見，國人的老年生活花費不可小覷，必須及早準備。

為什麼要將每年被動式收入一直往上增加呢？因為國人平均壽命逐年延長，孫太不希望變成一個被子女嫌棄、又老又窮又沒尊嚴的老人，哪天生病變成大家都嫌棄的人球，有鑑於此，我們夫妻倆很早就決定「留愛不留債」。

更不打算留資產給孩子，除非有額外的資產（花剩下的），或許就能使用贈與的方式送給孩子們。根據政府規定，每年父母親可贈與小孩的額度是 220 萬元，所以我們加起來一年就有 440 萬元的贈與額度。不過等到屆時真的有餘裕時，再來煩惱也不遲。

另外，根據內政部日前公布的「108 年簡易生命表」指出，國人的平均壽命為 80.9 歲，其中男性 77.7 歲、女性 84.2 歲，持續創歷年新高，且與全球平均壽命比較，我國男、女性平均壽命分別多出 7.5 歲及 9.2 歲。

這個數據代表台灣擁有世界級的醫療水準及品質，而且以國人平均壽命持續創新高來看，未來超過 90 歲的人將會越來越多。

這些數字讓我心有戚戚焉，為了不想成為又老又窮、全身病痛的老年人，我更勤奮的存股攢資產，只為幫助將來的自己能夠生活無虞。

所以，每年至少要產出 60 萬元的現金流，夫妻兩人就等於需要 120 萬元。以 120 萬元的股利股息反推股票股數，就必須擁有至少 2,000 萬元的資金，再加上每年獲利 6%，才能獲得每年 120

萬元的現金流。

不要覺得自己做不到，最重要的是你開始規劃了嗎？

孫太 小語錄

提前規劃優雅的老後，
留愛不留債。

餵養核心資產，
啟動滾雪球計畫

　　粉絲們時常提問何謂「核心資產」與「衛星資產」？如果你也想打造自己的第二人生，擁有精彩的退休生活，或許孫太的思維脈絡可供各位參考。

　　首先，「核心資產」指的是持有的資產項目，以保守穩健為主，且幾乎不受任何投資環境影響產生更動。簡單來說，核心資產的目的是要穩定獲得長期的資本增值，其風險也相對較小，例如房產、定期定額基金。而「衛星資產」比較像積極型的投資標的，個性活潑且攻擊性較強的投資組合，追逐短期投資機會，因此會隨著市場變化而進行調整。至於衛星資產的收益從何而來？

　　答案：是來自核心資產投資所產生的穩健收益。

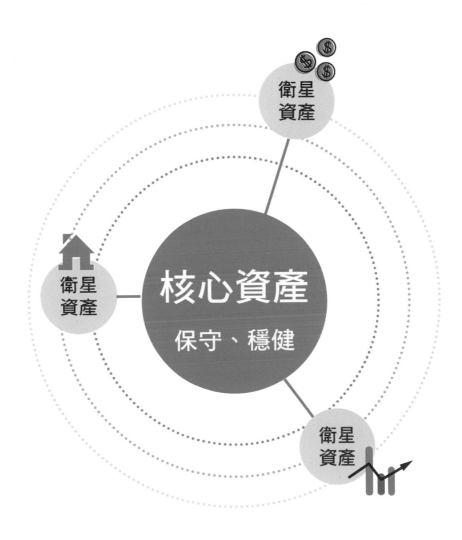

目前我們家的家庭開銷由悟天的收入支付，因此這些年用不到
投資股票所產生的配股配息，便將核心持股每年產生的股息股利
繼續投資。

第一金（2892）因為是官股有政府把關，所以非常穩健，且銀行屬於特許行業，好比養了一隻金雞母，每年都會下金雞蛋（現金流）。目前每年的雞蛋（股息股利）都不捨得吃，且將它孵出小雞（衛星資產）再繼續養大，因為有金雞母（核心資產）當靠山，衛星資產就有本錢投資「成長性較高」的投資標的。

至於衛星資產投資的股票，目前規劃以「不容易觀察到業績，但具有成長性」的標的為主，在還沒有找到合適的投資標的之前，仍是透過 SOP 倍數表，尋找倍數低且有發展性的投資標的為主。

孫太看重台灣特許行業——金融股的配股配息，假設 1 千張金融股有機會達到每年配股配息金額 100 ～ 140 萬元，那就達成預期目標了。

▌喜歡穩健投資，獨鍾金融股

很多人會問我們為什麼鍾情於金融股，單押金融股風險不會太高嗎？其實不是因為鍾情金融股，而是因為金融股符合我們的 SOP 倍數表，以及 5 種選股策略，它們已詳盡地載明在《存股輕鬆學》一書中，書裡曾提過一句話：「你都敢把錢放在銀行了，

為何不敢買銀行股？」

而為何偏好「官股金控股」？這要回想最初開始運用 SOP 倍數表的初衷。我們曾買進許多類型的股票，後來評估股票的股性，最終選擇「金融股」，趁其倍數在低檔的時候持續買進，是目前持有部位最大也是抱最久、最穩的投資標的。

當時選股的想法很單純，既然要存退休金，就要選擇大到不能倒的「官股」，畢竟存股的目的是為了退休，誠如之前的章節曾提過的觀念「選股如同選結婚對象」，因此我認為核心持股的穩定度相對重要。

再者，選擇金融股當核心資產的投資策略，主要是因為金融股是台灣特許行業且是孫太的能力圈（熟悉銀行產業），加上政府當靠山的「官股」，相較於其他投資標的更加穩定和安全。

任何投資單押一種產業，相對有風險，當資產大到一個程度，分散風險有其必要性。投資不同的標的分散風險，藉此降低投資組合受市場漲跌的影響。

綜觀來看，使用 SOP 倍數表（好球帶理論）結合戰略型（核心資產）與戰術型（衛星資產分散風險），透過這兩種資產配置模組的好處就是降低風險，並幫助孫太的退休計畫及資產能更加完善，達到資產自動運轉且越滾越大的滾雪球計畫。

▌啟動你的滾雪球計畫

如果你準備開始啟動「滾雪球計畫」，首先必須餵養核心資產，因為投資需要本金，然後利用核心資產的轉動，帶動許多衛星資產，再利用衛星資產的轉速，讓核心資產越轉越輕鬆，最後，雪球就能自行運轉，資金就會越滾越大，到時就不需要再投入其他資金和心力。

在存股過程中，誠如預估核心資產每年可為我們帶來 110 ～ 140 萬元的現金流，我們選擇的投資標的會自動配股配息，代表每年的股票張數會持續擴張，核心持股本身每年會自動增加。其餘的配息則可用來執行衛星資產運轉計畫，剩餘的資金持續用來儲蓄或是作為緊急儲備金，然後慢慢的餵養衛星資產，讓核心資產、衛星資產同步運轉，不斷地放大現金流。而這麼做的最大原因是，希望自己的資產可以有效對抗通貨膨脹。

　　我們夫妻倆的投資理財計畫並不是為了討好別人，而正好相反，存股的目的就是為了存自己的退休金，只是在這一段存股的過程中，將許多人會遇到的心路歷程，或是財商觀念記錄在書籍之中。因此，不管別人停不停留、回不回頭、轉不轉換，我們的腳步都不曾因此停歇過。

　　投資理財到最後，發現自己嚮往「源源不絕的現金流」，如果投資的股票不夠穩健，甚至是漲跌幅太劇烈，就算擁有這些存股標的，在退休之後的每一天，依舊會讓生活戰戰兢兢。因此，孫太最期待的投資方式，就是能做到不用看大盤、不需要擔心個股漲跌、不需要害怕本金來源等，優雅存股的賺錢生活。

　　簡單來說，在投資過程擁有源源不絕的現金流，可以持續支持衛星資產以及生活開支，無關於股市漲跌，而衛星資產的獲利又能重新回頭挹注自己的收益，同時讓獲利速度更快，那是否在心態上才算是真正的財富自由呢？

拒當韭菜篇

我在銀行工作那些年，發現到銀行借錢的人分為有錢人跟窮人；有錢人來銀行借錢拿去「錢滾錢」，而窮人借錢是為了「活下去」，人人都想變有錢，那麼有錢人跟窮人差別到底在哪？

你正在「慢性變窮」嗎？

　　有一次我們夫妻倆在粉絲團分享「為什麼要學投資？」這個主題，意外的引起網友們的熱烈回應，瞬間快上百次的分享。

　　某日深夜，我們與女兒討論身為高中生應該如何學習投資理財，女兒突然問：「為什麼要學習投資？可以不學投資嗎？」我相信很多人心中都曾有過這樣的疑惑，大家也都聽過「投資一定有風險，基金投資有賺有賠，申購前應詳閱公開說明書」這段耳熟能詳的廣告詞，那既然投資一定有風險，為什麼還要學習投資？把錢放在沒有風險的銀行定存，還有利息可以領不是比較好嗎？

　　「你知道台灣以前的定存利率是多少嗎？」悟天跟女兒是這麼解釋，30 年前台灣的定存利率還有 9% ～ 10%，這代表著如果你

有 1,000 萬放在銀行定存，光是利息每年就可以領到 90 至 100 萬元，平均每個月約 8 萬元，銀行的風險幾乎是零，安穩的退休沒問題。

但是，2021 年的現在，台灣銀行一年期定存利率是不到 1%，這代表著什麼？代表著同樣擁有 1,000 萬元，放在銀行定存，一年最多領到 10 萬元，平均每個月只有 8,333 元的利息收入，完全都不夠支應退休生活啊！

在這 30 年間，全球已從高利率年代轉變成現在的低利率時代，光靠銀行定存早就不足以得到應有的利潤，更何況，通膨問題日益嚴重，錢越來越薄、越來越沒有價值。

孫太想起幾十年前家裡附近的建案一坪 20 萬元，當時因頭期款不足，也揹不起房貸，所以沒有買房。幾年之後，好不容易存到頭期款，但同樣建案的房價卻早已翻倍，來到一坪 40 萬元，我再度落入頭期款不足、揹不起房貸的困境，此刻真的體會到通貨膨脹比賺錢速度更快。

銀行支付的少許利息，完全來不及填補物價上漲的程度，每年

可以買到的物品越來越少，所以我們才會說，不投資，你就是在「慢性變窮」！而且這種窮法，就是窮得不知不覺！

▌存股為何成為「顯學」？

談到最近很熱門的「存股」，其實不是因為這十幾年來台股大多頭才變成顯學，論投資績效，它實在比不上價差派的投資者。很多價差派的投資人，是瞧不起存股族每年領6%～8%微薄利潤，對他們來說，一次操作就能獲利30%～50%。以這十幾年的大多頭股市來看，應該是價差派大賺勝過存股的績效，但最近「存股」的討論熱度不減反升，就是因為低利率的緣故，迫使每個人不得不去尋找更有效率的投資方法。

30年前高利率年代，流傳著一句話：「你不理財，財不『離』你！」只要不過度投資（因為投資有風險，有時候投資賠的錢甚至超出定存更多），你的財富就不會縮水，還會越來越多。反觀現在是低利率年代，這句話已變成「你不理財，財必離你！」

簡單來說，目前這個低利率年代的人都有必要學習投資，當然不是只有投資股票市場才稱為投資，投資自己、債券、貨幣、虛

擬貨幣、房地產或其他商品等等都屬於投資的範疇，但是相對來說，股票算是進入門檻低且容易操作的商品之一。

我們告訴孩子，一定要學習投資的原因，是現在處於低利率時代，不學習投資的人等於放棄自己變成有錢人的機會，也等於直接宣判自己當窮人，所以學習投資是十分重要的！

▌投資或投機？

我們真的很感嘆，如果以前有人能教導投資和投機的區別，並且傳授真正的股票投資該如何操作？怎麼選擇體質優良的企業？該如何買進？用什麼心態去持有？如何計算持有成本？等財商觀念，那我們的投資績效一定會比現在更好。

當你有正確的股票投資觀念，學會方法就可以在股市中挑選到真正優質的公司，藉由投資這間公司獲得營運獲利的績效分紅，除了可以打敗定存、對抗通膨之外，還能慢慢增加自己的收益，累積財富。但若是沒有人傳授正確的理財觀念，光要靠自己摸索實在很難，很多人在學會以前就被市場淘汰出局了。

請記住，學習「正確」的投資觀念才有用，而不是任憑自己的想像，認為只要投資就一定可以獲利！不厭其煩老話一句——「投資一定有風險，基金投資有賺有賠，申購前應詳閱公開說明書！」

孫太 小語錄

低利率年代，
你不理財，財必離你！

盲目投資會讓你變得更窮

　　2021 年 1 月 15 日，有一則中央社的新聞寫到：「台灣證券交易所董事長許瑋瑤在歲末新春記者會表示，台股表現優異吸引投資人踴躍參與，去年新增加開戶人數達 67 萬人，總開戶人數成長至 1,124 萬人，占人口總數比重增至 47.3%。去年台股平均每兩名國人就有一人參與股市投資，交易人數更成長至歷年新高 438 萬人。再從投資人的年齡觀察發現，各年齡層開戶人數占人口比重普遍提高，尤其是 20 ～ 30 歲的年輕族群，占比從 5 年前的 25.4% 快速增加至 36.1%，大幅成長為 123 萬人。」

　　看到這則新聞時，孫太一則以喜、一則以憂，曾幾何時台股總開戶數已突破 1,100 萬人次，年輕族群占比增加至 36.1%，這個新聞提醒我們一件事，投入市場的人變多，股市將會越來越熱絡。

▌股市小白衝動入市

一開始我覺得差異不大，直到有一次遇到網友的提問，其中有一段對話很特別，讓我印象深刻，在此簡單敘述對話過程。

網友問：「孫太，請問下週一開盤會不會被追繳保證金？」

這突如其來的問題，讓我一開始並不明白對方的重點，經過抽絲剝繭之後才了解他想說的是：「我是一名股市小白，剛踏入股市一個多月，最近買進股票，但沒想到股價一直跌，所以想問股票除了停損賣掉，若被套牢會怎樣嗎？是否會被追繳保證金？」

因為並不清楚對方持有哪一檔股票，所以請他直接詢問營業員，沒想到對方竟反問「營業員是什麼？」我當下愣住了，花了一點時間慢慢解釋。試想，一個理財新手，連營業員都不曉得就貿然進入股市，風險真的太高了。畢竟連自己持有的是現股、還是融資融券都弄不清楚，想必內心有很多擔憂且不知所措。

後來得知這名網友持有的是航運股與電子股的股票。

我回覆對方：「你持有的股票與我的選股策略不同，加上我不熟悉航運股與電子股，所以無法給予任何建議。」

同時也鼓勵對方先學習基礎的理財觀念再進入市場，因為股市永遠都在，交易的機會也一直都有。如果連基礎的遊戲規則都沒有搞懂，只因為看到新聞或朋友之間討論，就跟風開戶買股票，老實說那真的非常危險。

對於如雨後春筍般源源不絕的投資新手湧入股市，孫太一方面開心大家知道投資的重要性，一方面則是擔心如這位網友一樣衝動入市。

一窩蜂地投入市場，胡亂買股票，將會發現自己加入韭菜族的行列後，反而變得更窮。

孫太 小語錄

先學習基礎的理財觀念，再進入市場，
因為股市永遠都在！

到底什麼是韭菜？

在進入這一篇的主題之前，先定義到底什麼是「股市韭菜」？

有一次孫太跟悟天在討論存股社團粉絲想了解「韭菜的行為」，聊得正起勁的時候，女兒突然冒出一句話：「媽媽你是在寫食譜嗎？」當下我們都笑了，於是認真向孩子解釋「股市韭菜」的意思，沒想到女兒戲謔的說：「那不就跟我的人生一樣，起起落落落落……。」這句「起起落落」也像是爸爸、媽媽之前投資失利的心路歷程。

「韭菜」是一種很特別的蔬菜，特別之處在於就算用刀割掉綠葉的部分，只要根還留著，過不久又會源源不絕的長出。

　　所以在投資市場上，常常聽到「韭菜」一詞，就是指剛進入股市的投資人（又稱小白），因為投資經驗不足，如同韭菜容易任人宰割。在股市裡沒賺到錢，甚至還賠錢的散戶或是投資新手，都可稱為「股市韭菜」。

　　韭菜族代表「八二法則」中，常在股市裡賠錢的大多數人，也就是「八」。

　　何謂「八二法則」？它源自於義大利經濟學者柏拉圖（Viltredo Pareto）的研究。他在 1897 年深入探討 19 世紀英國人的財富和受益模式時，觀察到大部分的財富流向少數人的手裡，歸納出 20% 的人口享有 80% 的財富。這個研究發現的重點不僅在百分比，更重要地是指出一項事實：「財富在人口中的分配是不平衡的，而這是可預測的事實。」後來大家就稱之為 80/20 法則，或稱柏拉圖法則（Pareto Principle）。

　　會賺錢的就是少數人，剩下的這個八，未必全是「韭菜」。

韭菜容易犯的錯

每年都會有一大批加入股市的投資新手，這些人若是沒有正確的投資理財觀念，或是沒有判斷能力，除了容易看電視新聞或跟著市場消息面做股票外，還常常追高殺低，最後賠錢出場，坐實「股市韭菜」之名。

不想成為股市韭菜，需要避免哪些常犯的錯誤呢？

科斯托蘭尼曾提出股市遵循的公式是「2x2=5-1」，意思是最終發生的事情都會應驗，只不過是繞了一圈才得到這個結果，延伸出的觀念是「不要借錢投資」。

因為很多借錢投資的人常常都撐不到「-1」的過程，就在不合理的「5」時已經被淘汰出場了。如果投資人熬不過「-1」，那麼獲利不過是一種錯覺。獲利如同「借來」的錢，常會因為下一次的貪心，好一點全數吐回，差一點就是負債累累。孫太深刻感受到股市真的無法預測，能做的就是儘量提高勝算。

為了提高「勝率」，我們總是不斷地學習思考，學習有系統地

建立自己的財商觀念，不要走回頭路，變成一根常被人收割的韭菜。

想起一段令人印象深刻的故事，在某一次波克夏公司的股東會上，有位午輕人問股神巴菲特「人生要如何才能成功？」巴菲特分享想法之後，合夥人查理・蒙格也接著說：「別吸毒，別穿越馬路，別染上愛滋病。」這段話雖然幽默，但也如實反映他在生活中避免麻煩的大智慧——要成功之前，先避開常見的失敗行為。

這裡與股友們分享查理・蒙格在《窮查理的普通常識》一書中提到的一句話：「我只想知道我將會死在哪裡，這樣我就可以永遠不去那裡。」

同樣的，孫太熱切地想讓大家知道股市韭菜的真正樣貌，他們的腦袋到底在想什麼？或許就能儘量避開股市韭菜們常犯的錯誤。

衝動性購買，凡事買買買

▌給孩子的財商教育

「你要跟我買這張便利商店的現金儲值卡嗎？」只見兒子一臉鬼靈精怪，認真兜售他手裡的「便利商店儲值卡」。

「蛤？這是什麼啊？」

「我跟你說，便利商店的店員跟我推銷這張卡，說我只要花 1,000 元，參加他們的活動，最少能變成 1,100 元，我等於是先賺 100 元，是不是超划算的？」

「感覺好像還不錯，那你自己留著用就好了呀！幹嘛拿出來轉賣？」我內心真正的想法是，這張便利商店的現金儲值卡也太貴了吧，一張五百塊不是小數目，這孩子將來該不會被賣了，還很開心的幫人數錢吧？

　　於是認真的跟兒子說明便利商店這類型的消費模式，若套用在日常生活當中，也是非常標準的「韭菜行為」，好似當年的我們，生怕錯過任何可能賺錢的機會，因此一進投資市場，就算還沒做足功課，管他三七二十一就趕緊買買買。

　　「這張卡片的使用期限只到六月中旬，萬一過了截止日，那卡裡面的錢就都不見了。」兒子一臉無奈說道。

　　這也是很多人常犯的錯誤，買東西可能會因為一時衝動，沒看清楚活動內容或使用期限，就買過量。我想起自己多年前去韓國購買的保養品，當時真是殺紅了眼，超買的下場就是好好的東西放到過期，最後只能丟掉。

　　我反問兒子：「在這麼短的時間要花掉 1,000 元，等於你所有消費都要放在這間便利商店，這樣壓力會不會太大？」同時瞄一眼孩子手上卡片的到期日，只剩下三天。

　　「我原本有細算過，因為我每天都會去便利商店買早餐，一天大概會花 50 元，差不多 20 天，就花光了呀。買 1,000 元面額的儲值卡，當場變成 1,100 元的額度，等於現賺 100 元，所以一次買了

兩張 500 元的卡，誰知道用到現在只花了 500 元，就遇到疫情爆發，不能去上學，所以也不常去便利商店了，但這張卡片眼看就要到期，我只能問看看你們要不要買？」

兒子講得口沫橫飛，聽完他的說明之後，我比較欣慰一點，因為他在做這個決定之前，有先確認過自己的需求，沒想到遇到疫情，打亂他整個計畫。

「可是便利商店的東西都比較貴，同樣一瓶裝大罐的可口可樂，大賣場只賣 38 元，但便利商店卻要賣 50 元，至少貴了 12 元。」我開始替兒子分析現況，此乃殺價的前奏。

「拜託啦，不然我算你們便宜一點，400 元就好，而且我們也很久沒有吃便利商店的便當了，就順便買一下啦！」兒子一臉誠懇地說。

「媽媽問你，下次你還要這麼衝動，買這種預付現金卡，而且有規定效期用完的商品嗎？」

「我下次買東西之前會再多想一點。」

不經一事不長一智，原本一開始，我是想要讓小孩承擔購買預付卡的後果及損失，但夫妻倆討論之後的最終結果，就用 400 元

買下兒子快過期的「便利商店儲值卡」，我想要讓小孩知道，不要因為一時衝動，就買了一堆自認為很划算的東西，反而付出更大的代價。

▍破除對金錢的限制性信念

你有沒有覺得，這樣的場景似曾相識呢？

很多人潛意識會認為，金錢是骯髒的、金錢是罪惡的、有錢人都是奸商等⋯⋯這些都是限制性行為。我認為金錢的本質是中性的，真正的問題不是「金錢」，而是使用者的想法和用途。

舉一個最近的例子，2021 年的疫情蔓延全球以來，醫療用品不足導致死亡率居高不下，藝人賈永婕號召一群企業家跟藝人朋友，出錢買醫療器材捐贈給各大醫院，而台灣的大企業如鴻海、台積電都出錢購買疫苗，幫助台灣度過疫苗短缺之苦。孫太非常佩服且認同他們為台灣付出的努力，將金錢用在有意義而且利他的事情上，帶動社會更多的正能量。

因此，看完上述有能力的人出錢出力案例之後，如果你依舊認

為金錢是骯髒的、金錢是罪惡的、有錢人都是奸商，那你有可能潛意識對金錢是抗拒的卻不自知，這是典型的韭菜心理之木馬程式。

如何拔除自己對金錢的限制性信念？孫太曾在《存股致勝心理學》一書中提到，生活中充斥著各式各樣的商業模式，如果不慎踏入圈套，無形間反而造成更多的浪費。

比方說，百貨公司週年慶打折的時候，為了獲取便宜的折扣，明明沒有喜歡的款式硬是多買了一件；又或者是只需要一組保養品就夠用，卻因為折扣優惠忍不住多買幾組囤起來，最後這些保養品極有可能因為過期而丟掉。

你會發現「衣櫃裡永遠少一件衣服」、「鞋櫃裡永遠少一雙鞋」、或者「女人永遠少一個包」這類口號，都是商人的話術，目的就是為了刺激消費，正大光明的從你的口袋將錢搬走，衝動消費之後還要花更多時間、心力去整理，真是勞心又傷財。

話說回來，既然知道這是商人賺錢的手法，為什麼孫太還要花 400 元買下兒子的現金儲值卡呢？因為金額不大，站在尊重孩子的

立場，允許他有這個經驗。如同「西風的話」故事中的西風，越阻止它通常就越叛逆，既然如此，何不讓他多一些探索跟體驗？

在陪伴孩子的過程中，最不容易的事情就是明明知道，卻要選擇不點破，全然接受並支持他的決定，陪他親身走過一回，再引導孩子看到事情的全貌，「等待、陪伴、不批判」真的是一件非常不容易的事情。

於是，當孩了真正意識到自己賠錢了，原本以為花 1,000 元換到面額 1,100 元的現金儲值卡，結果卻因疫情讓他的如意算盤未能實現，最後想方設法把這張儲值卡完美處理掉，而不是白白浪費，這一點讓我感到欣慰。

同時透過這次事件，孩子也理解以後若想買有優惠的商品，一定要先看清楚遊戲規則，行動前需要再縝密思考。

其實，我家孩子倒垃圾一次只賺 20 元，必須倒 5 次才能賺 100 元。孫太常鼓勵孩子在花錢之前，先思考如何將手上的一塊錢，創造出超過一塊錢甚至更多的價值。

同時希望他能養成不會因貪小便宜，而購買不需要或過量的東西造成浪費，並從生活的大小事件中，反覆練習獨立思考的能力及做事情的決策力，且有意識的察覺自己的消費行為，因為「消費行為」對「投資思維」有著決定性的影響，更進一步來說，與「心理學」更是息息相關。

▍覺察、選擇、練習、習慣

　　我想讓孩子從生活中體驗《存股致勝心理學》提到的覺察、選擇、練習、習慣這 4 個階段。

　　以這次購買便利商店現金儲值卡為例，透過對話希望孩子從中覺察到自己的消費模式是否正確，透過賠 100 元轉手賣卡，讓他明白幾件事：

1. 了解並練習破解「便利商店的商業模式」。
2. 若再遇到類似事件，需經過獨立思考再做「選擇」。
3. 經過腦袋判斷再做「決定」。
4. 如此的思考方式會強化腦神經元，最後內化變成一種「習慣」。

　　這也是我這位「資深股市韭菜」過去常犯的錯誤，當孩子經歷過練習與體驗之後，相信下次遇到便利商店店員推銷時，他就會進行思考，而非一味無腦的衝動性購買，這樣的練習必須從小開始，才能慢慢內化成為投資思維。

孫太 小語錄

先確認需求再購買，
才不會勞心又傷財。

不要聽一隻小鳥告訴我

曾經有一位理財前輩來家中作客,神祕地告訴我們,華孚(6235)這檔股票即將噴發的內線消息,隔天一早孫太欣喜若狂的大舉買進,未料一開盤就迅速下跌,那一次經驗讓我連吞好幾根跌停板,不到一個禮拜的時間資產瞬間蒸發逾20萬元。

還有一次,悟天想賺錢想瘋了,甚至還花錢當會員,聽到投顧老師提及台聚(1304)的利多消息,便和他哥哥各買進100張(股價約在15元),一個人要150萬元。當時只有60萬的悟天,想說一次來賺大筆一點的,所以為了湊足這150萬,甚至還動用融資貸款六成借了90萬。

沒想到下單當天收盤後,新聞報導台聚利多消息,兄弟倆還互

道恭喜，以為隔天股價一定會直接漲停鎖死，豈料竟變成利多出盡，股市開盤沒多久就打入跌停板。

還記得孩子購買便利商店現金儲值卡的事件？孫太百思不得其解的是，一個國中生決定付出 1,000 元購買現金儲值卡的動機，換成是我都會考慮再三，因為除非有優惠活動，否則便利商店多數的商品價格都比大賣場貴。孩子也深知這個道理，但卻願意花上千元購買有期限的現金儲值卡，到底真實的想法跟動機為何？

經過深入了解之後，才知道店員與我兒子熟識，清楚老顧客的消費習性，加上平常親切的打招呼取得兒子的信任感，所以就憑「信任」便掏錢買單。這家便利商店他幾乎天天報到，店員就跟我兒子說：「既然你每天都會來買東西，現在剛好有優惠活動，先花 1,000 元買現金儲值卡，馬上變成 1,100 元的額度，機會相當難得，既然都耍花錢，多賺 100 塊很划算。」

無論是聽前輩、聽投顧老師報明牌，還是小孩購買預付現金卡的行為，兩種消費模式都是聽信小道消息，結果賠錢出場。

亂聽小道消息，成為股市的提款機

想起今周刊 1276 期的一篇文章，斗大的標題：不要聽一隻小鳥告訴我（小道消息），文中提到一段話，讓人很有共鳴：「很多散戶習慣聽這些『你告訴我』、『我告訴你』的奇怪小鳥話語，其實這些小鳥說的話很危險，除了可能有內線交易的風險，賠錢機率也高，即便今年台股成交量，散戶貢獻了 70％，但賠錢的還是占大多數……」

現在回想起來，當初我們還真是十足的韭菜，表面上鄙視那些在股市上有賺到錢的人，內心真正的想法卻又羨慕能取得內線消息賺大錢的人，沒想到一個不小心，變成一根任人宰割、幫有錢人解套的傻瓜韭菜，成為股市大戶的提款機。

一聽到有賺錢的小道消息，一股腦地飛撲過去，甚至還動用融資借錢買股票，打算狠狠海撈一筆，最後偷雞不著蝕把米，賠了夫人又折兵。最令人生氣的是，韭菜似乎擺脫不了這樣的宿命論。

「明明我只是一個小小散戶，卻有撼動股市的能力，買進的時候馬上跌，賣掉的時候，下一秒就漲了，這老天爺也太不公平了

吧！」哎呀！你說，氣不氣人！

而這真正的事實，讓我忍不住想起《漫步華爾街》一書裡提到的「隨機漫步」理論：股票價格是隨機波動，價格的走向並沒有規律。

當我們那些年還在當「資深韭菜」的時候，總以為自己能精準預測股市的漲跌，卻是大賠出場。

而當我們謙卑地向股市低頭，深刻的體認到股市還真的是「隨機漫步」，任何人都無法分秒精準掌握股票隔天的價格，認清自己不是股神，承認自己沒有能力當個「當沖者」或者「短線投機者」之後，漸漸的轉為「依據 SOP 倍數表，紀律執行長期持有的價值投資人」，結果資產累積的速度，竟比預計的還要快。

別再把錢丟進垃圾桶

今年 5 月因為疫情升溫，全台進入三級警戒，不能外出用餐，增加在家開伙的機會，為了照顧一家人的三餐，固定每週採買，但以往孫太是職業婦女，很少有天天煮飯的時候，家裡冰箱也從未有大量食材的出現。

記得一開始每次採買都過量，導致部分蔬菜凍傷、損壞丟棄。這樣的行為就如同《金錢管理》一書中提到的，「我等於是把自己的錢丟掉」。除了分量之外，我自己也沒有清楚掌握食材的時效性，不過隨著料理的經驗越來越豐富，過程中已慢慢學會如何管理冰箱庫存的技能。

其實，這些事情的本質都是源自於「思維邏輯」，無論是兒子

購買現金儲值卡，還是我沒有掌控好冰箱裡的食材而導致丟掉造成浪費，這些都是「把錢丟進垃圾桶」的行為。

▌為理想的生活實施斷捨離

一場疫情讓孫太學到如何掌控三餐食材分量的經驗，這也與我早年執行「斷捨離」的經驗相同，常言道：「女人的衣服永遠少一件」，在經年累月的購物之下，衣服堆滿三個衣櫥，而最常穿的總是那幾件。

從「斷捨離」這些過量的衣服過程中，我靜下心來好好分析這堆衣服從何而來，後來發現自己總是害怕拒絕他人，加上遇到 2008 年金融海嘯慘賠，接著 2009 年工作無預警被資遣，這些林林總總的原因，讓我對金錢沒有安全感，生活也過得十分拮据。

有很長一段時間，親朋好友分享恩典牌的衣物，不管是否合適，我都全然接收，幾年下來已經將家裡塞好塞滿，而當意識到自己的囤積行為時，才開始整理衣櫃，把不適合的衣服進行「斷捨離」。

因為疫情的緣故，孫太整天都宅在家，所以我進行史無前例、大規模的「斷捨離」計畫，光 2021 年我就從家裡清出超過 200 公斤的物品，孫太的心得是：相較於「斷捨離」需不斷的思考「丟棄哪些物品」？我卻認為應該思考的是：「我心目中理想生活，需要留下什麼？」「哪些人事物能為我的人生帶來加分作用？」

物品質感好或不好，價值是否貴重？這個朋友身價高還是低？擁有什麼樣的專業證書？是否為限定版？通通都不是我考量取捨的第一順序。

孫太最優先的決定是這個人事物，是否有助於提高生活中的幸福感和方便性。

只留下讓我怦然心動的人事物，其他統統謝謝再見。分門別類的整理好所有物品，留下的都是真的喜歡且適合自己，而不是「覺得會用到」的東西。

這些年孫太從持續不斷的「斷捨離」，悟出了一些道理，後來也將其心法彙整至《存股致勝心理學》的「覺察、選擇、練習、習慣」4 個階段，此心法無論是套用在投資理財、斷捨離，還是整

理人事物，都一樣適用。

　　經過上述的經驗，體會到心法運用在工作上也通用，只要專注在自己的能力圈，做好適合自己的事情，才能達到輕鬆自在。

　　這樣的心法運用在投資理財方面也是一樣的，我們專注在自己的能力圈裡，接觸存股後，幾乎只買第一金（2892），等它的倍數太高了，我們才開始看其他倍數低且 CP 質高一點的投資標的。

孫太 小語錄

「我心目中理想生活，需要留下什麼？」
「哪些人事物能為我的人生帶來加分作用？」

不要無意識的浪費金錢

孫太喜歡和姊妹們聚會聊天，一群女人天南地北的暢聊，真是人生一大樂事。安雅是個美食家，懂吃、懂玩又懂得過生活，更是大家團購的主揪，所以每次聚餐地點都是請她安排，絕不會令人失望。今年因為疫情關係，大家好久沒見面，好不容易等到疫情趨緩，才相約再次相聚。

好姊妹一見面，安雅又開始抱怨「存不到錢」以及「工作量爆增」，實在很想換跑道。我聽完一直笑，因為她跟姊妹們常常提起要離職，身邊同事幾乎走光了，她還是不動如山，在公司做了十幾年。

反觀其他姊妹們，早就不知換了幾個工作，有的人榮升高階

主管，也有人還在打工，大家在不同領域發光發熱，而安雅依舊在原本的公司擔任一名小主管；另一位朋友小美因受到疫情影響，工作快要不保了，所以安雅從原本的抱怨，轉變成開始擔心起自己的飯碗。

把時間軸拉到 10 年前，我們在座的幾位姊妹，當時的收入以及生活方式都差不多，常常一起逛街、吃飯，唯一的差異在於孫太是已婚身分，但因為大家身處在同一個職場，消費習慣也很類似，為何才過了 10 年，孫太已財富自由，有人依舊在職場奮鬥，更有人因為疫情關係沒了工作，這其中的差別到底在哪裡？

▌用錢的習慣決定未來的生活

以這次聚餐來說，孫太只點了一份餐點及附贈的飲料，而安雅一拿到菜單，就馬上推薦大家一定要加價升級成套餐，這樣可以多一碗濃湯跟沙拉。至於孫太不選擇升級套餐的原因，在於早餐剛吃飽且食量不大，原本的餐點就足夠填飽肚子。

我若勉強自己選擇升級套餐，那吃不完的食物就浪費了，也等於浪費金錢，同時意味著必須將食物硬塞進胃裡，吃多了會影響

身材，到時發胖還要重新添購新衣，又是一筆花費。

關於「面子」那就更不是問題了，大家當好姊妹多年，沒有必要討好或迎合，況且不升級套餐，她們也不會因此看不起我，真正的朋友是不會相互計較的。

最後，果然升級套餐的姊妹們多數沒吃完，吃不完的餐點就變成一種浪費。

▎你的小習慣會產生複利效應

更具體來說，在生活中無意識浪費金錢的消費行為，日積月累下來其實很可觀，誠如《原子習慣》一書中提到的觀念，隨著時間的推移，每天進步 1%，一年後會變強 37 倍，若每天都退步 1%，則會弱化到趨近於 0。你的一點小習慣，都會產生複利效應。

多數有錢人都是靠後天努力才會變得富有，這意味著無論是窮人、平凡人還是有錢人其實差距並不大，至於為何有些人能快速致富，差別就在於誰擁有「使用金錢的好習慣」比較多。

孫太小語錄

使用金錢的習慣，
決定你未來的生活。

無法分辨想要還是必要

　　以前我們不懂投資理財的時候，無論是國內外旅遊，每到一個觀光景點，小孩一定都會吵著要買紀念品，即使家裡早已有堆積如山的玩具，還是非買不可。

　　因此每每到了大掃除的時候就會很痛苦，因為家中可收納的櫥櫃，幾乎都快要塞滿了，隨手一開櫃子，看見滿到爆炸的物品真的有種窒息感，趕緊再關上櫃門，孫太一開始的處理方式就是眼不見為淨。

　　當時對於存股還沒有概念，家裡一度堆滿雜物，直到 2009 年被迫離開職場，為了維持生計，不得已只好陸續變賣家中的有價物品，意外發現當家裡東西變少了，整理起來就格外輕鬆，找東

西也更不費力氣，除了節省不少時間以及非必要的花費，好處實在很多。

衝動性消費，是內心匱乏的表現

無論大人或孩子，有很多人都是衝動性消費，喜歡享受購物時的快感，但總是三分鐘嘗鮮之後就擺一邊，實在是浪費。

經過一次又一次生活的體悟，我們將出遊亂買的方式，改為提供孩子一筆固定的小額資金，花完就沒有了，同時大人不介入，由孩子自己決定這筆錢該怎麼花費。

神奇的事發生了！當我們將使用金錢的決定權給予孩子，他們花錢反而變得更加謹慎，而且也會思考如何聰明花費。有時為了試探孩子，我會從旁勸敗，「這東西感覺很酷哎，錯過很可惜唷！」孩子反倒想得更多，時常沒有花完這筆資金，而是存下來變成零用錢。

當今社會資訊過度氾濫，網路上更充斥著各種訊息和資料，一方面讚嘆 Google 大神的神奇，想要尋找的知識或商品，手指動一

動就能找到；一方面則是擔心海量的訊息讓認知更加混亂。

孫太深刻感受到當年的自己，就如同日本動畫電影《神隱少女》中的「腐爛神」一角，因為匱乏的補償心態，所以用購物來填補，買了一大堆的物品，最後被物質淹沒而不自知，一度無法喘息。

直到真正認識「斷捨離」的觀念，才開始正視自己的內心，在整理雜物的過程中，慢慢的覺察到自己的生活方式以及想法，都是處於匱乏的狀態。

所以孫太這十幾年間，持續透過「斷捨離」的過程，清理家中的閒置物品，無論是丟棄或是轉賣，都讓家裡的東西越來越少，神奇的是我的內心狀態卻越來越輕盈，換來的是生活空間也變得越來越舒服，裡外都回到最佳狀態。

▌只買必要的、值得的

斷捨離強調「活在當下」，透過「整理」重新檢視自己是否被過往的物質以及人際關係給困住，經由「整理物品」重新跟自己

對話，進而俯瞰當下的內心狀態，尋找生活幸福感，發現生命的閃光點。

當腦袋裡的認知改變之後，我發現花錢買東西之前，會變得越來越慎選，因為當你真正使用過好東西，就能從中培養出品味。因此會將有限的金錢花費在值得的事物上。

這些年全家也嚴守「一進一出」的原則，購買東西時就比較容易區分「想要」或「需要」的差別了。孩子在耳濡目染之下，當他們在買東西之前，就會思考眼下要買的到底是「想要」還是「需要」。

如果判斷是「想要」，那未必會買，因為買回家就代表要丟掉另一樣物品，因此總是會多方評估再決定。幾年的養成教育，孩子們已經內化成為一種「習慣」，並持續練習保持這個好習慣，相信未來的他們一定能善加運用金錢，存下來的一桶金就能透過理財壯大自己的財富。

歷史總是驚人的相似

一開始踏進股市時，我們總是急功近利且貪心，所以什麼股票都買，什麼錢都想賺，什麼產業都涉獵。然而，從股市畢業的投資人，大部分都不是因為股票本身有問題，而是購買的方式錯誤，簡單來說就是購買的「行為」錯誤。

10 個股市韭菜中有 11 個都是在「追高」，我想應該很少有股市韭菜，會在發表畢業文的時候說：「我就是趁大跌時買進，之後上漲我就賠錢出場了。」

因為股市韭菜們大部分很少長期觀察基本面，而是跟著新聞面去買當下最熱門的股票，因為新聞消息說：這間公司業績很好，所以這時買進應該可以獲利吧！下跌的股票可能新聞正播放著利空消息，韭

菜在不了解該股票的基本面，又怎麼會買進呢？

　　所以通常的劇本都是：「這檔股票業績很好，現在買進一定可以大賺一筆」、「現在不買就來不及了，以後買不到」，這些話對股市韭菜有著致命的吸引力，於是就這樣大灑幣通通買進來。

　　我分享一張網路上廣為流傳的「投資經典」圖（參考下頁），每次看到都會心一笑，大部分的股市韭菜都不是買在相對低的起漲點，而是買在相對高等著被收割的高點，就算之後股價往上漲，但往往手中早已無籌碼，那後續股價創新高，對已被收割的股市韭菜來說也沒有意義了。

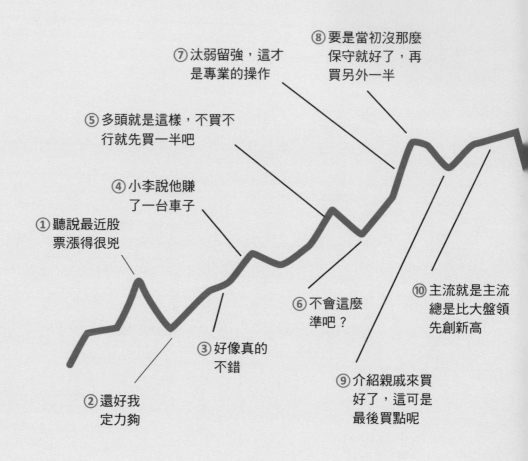

⑦ 汰弱留強，這才是專業的操作

⑧ 要是當初沒那麼保守就好了，再買另外一半

⑤ 多頭就是這樣，不買不行就先買一半吧

④ 小李說他賺了一台車子

① 聽說最近股票漲得很兇

⑥ 不會這麼準吧？

⑩ 主流就是主流總是比大盤領先創新高

③ 好像真的不錯

② 還好我定力夠

⑨ 介紹親戚來買好了，這可是最後買點呢

投資經典圖

以圖為例，透視股市韭菜被收割的心路歷程。

（圖表來源／網路）

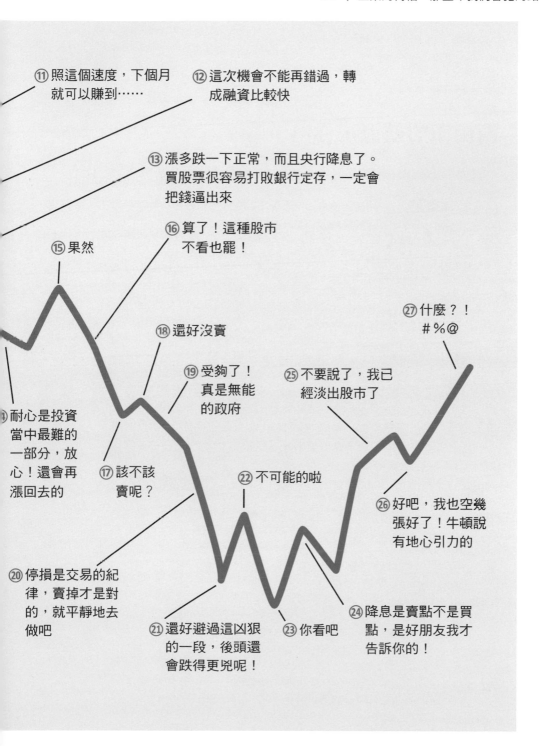

▌衝衝衝的航海王你追了嗎？

再舉一例，時間回到 2021 年，當時無數新聞媒體、眾多閃光燈一直追捧航運股，彷彿沒買張船票當海賊王就不是投資，那時候長榮（2603）股價一路從 20 元漲到 233 元時，市場就出現航運業績持續大好，以殖利率換算來看目前價位還是便宜，陽明甚至被喊出上看357 元。

但消息一披露之後，長榮就開始回檔修正了，2021 年 10 月 22 號，長榮（2603）的收盤價為 89.2 元。若你是聽新聞跟風買股票，那就淪為韭菜一族了。

這意味著什麼？歷史總是驚人的相似，如果股價百分百呈現業績狀態，那所有經濟學家應該都能成為「股市高手」，但百年來證明股市並不是一個「效率市場」，因為這中間充滿了「人性」，也許以後航運股仍有機會漲到數百元以上，但股市韭菜手中早就沒有籌碼，因為已經被「割光殆盡」了。

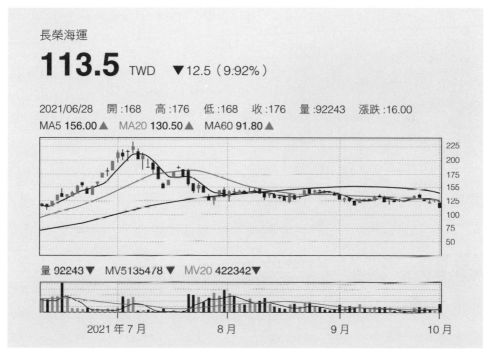

長榮海運

113.5 TWD ▼12.5（9.92%）

2021/06/28 　開：168 　高：176 　低：168 　收：176 　量：92243 　漲跌：16.00
MA5 156.00 ▲　　MA20 130.50 ▲　　MA60 91.80 ▲

量 92243 ▼ 　MV51354/8 ▼ 　MV20 422342▼

2021 年 7 月　　　　　8 月　　　　　9 月　　　　　10 月

（圖表來源／ google 網路公開資訊）

▌韭菜的執迷不悟

當股市韭菜不改變投資行為，就算買到好股票還是脫離不了被「割韭菜」的命運，只是在不同類別、不同價位點被收割而已。

很多「此種類型」的股票配息率都不高，甚至沒股息，所以獲利的唯一條件就是有價差之後賣出，因此當你認為股價還會上漲時買

進，很有可能是別人已經賺了 30%、50%、甚至 100% 的時候。

當大多數低成本的股東出脫股票，成交量就會逐漸變大，但當籌碼從大戶出脫給散戶後，股價又要由誰拉抬？

之後在幾次下跌受挫時，散戶又因為失望再將手中的籌碼出脫給大戶，大戶再次低接、低接、低接，等接的差不多了，又再拉抬一次，再度吸引散戶進場，接著再收割一次，就這樣循環下去。當然都是大戶在獲利，可憐的散戶只能任人宰割。

問問自己，不改變這樣的操作習慣，到底要被割幾次才甘願？

▌韭菜的操作模式：大賠小賺

許多韭菜們根本沒有「察覺」，因此一直都處於「大賠小賺」的績效當中，賺錢時覺得自己這次眼光精準，賠錢時就認為「下一檔會更好」，所以又去追尋下一個標的。反覆操作之下，也只是慢慢被宰殺而已。如果不跳脫韭菜的操作模式，不是漸漸被凌遲就是有朝一日一次被收割殆盡！

　　想要改變錯誤的投資模式，就從第一步「察覺」開始，接著依循選擇→練習→習慣的步驟學習，逐步導正錯誤的操作行為，進而提升績效。

　　而操作行為又是被大腦所操控，回歸到最後，還是投資人的心理影響了每次的操作行為，當一個人一直做相同的事情跟行為模式，又怎能奢望會有不同的結果呢？

孫太 小語錄

問問自己，不改變韭菜的操作習慣，
到底要被割幾次才甘願？

認為自己永遠是對的！

　　有一天，家中的餐桌上出現一個被切開的塑膠罐，我當下直覺是垃圾，起身就想拿去丟掉，但不確定是誰的「傑作」，所以暫時將這其貌不揚的塑膠罐放在餐桌角落，等孩子們放學回家後，再當面提醒他們不要把「垃圾」放在桌上。

　　晚上兩個孩子在餐桌上吃點心聊天，過沒多久突然傳來悠揚的音樂聲，我湊前一看，意外發現有一支手機插在「塑膠罐」裡，原來它是孩子們自己 DIY 的手機座，當下馬上扭轉對這個「垃圾」的看法。

　　還好沒有自以為是將塑膠罐當成垃圾丟掉，慶幸自己不是「我永遠都是對的」的武則天媽媽類型。

▌化危機為轉機

當年悟天跟我不懂財商，在沒有正確財經觀念之下，開始進行投資，一邊操作一邊學習，不知不覺漸漸地變成一種生活習慣以及牢不可破的邏輯思維。我們曾經是聽不得別人勸，甚至固執的「認為自己永遠是對的」，就因為我們「有過投資成功的經驗」。

事後回想那些經驗未必是好事，因為反倒成為一種「經驗誤區」。果不其然，一場金融海嘯來襲，夫妻倆雙雙在股市斷頭，加上工作被資遣，才會讓生活陷入萬劫不復的狀況。

我們衷心感謝那次慘賠的經驗，讓我有勇氣誠實表達內心的想法，對悟天大買股票（我形容彷彿是「股癌」）的行為，以及在融資融券做短線交易時，都讓我極度焦慮、不安！

後來才漸漸明白，身為妻子的我也要負連帶責任，有時候遇到的困難未必是壞事，對我來說，反而是深度溝通的好時機！

我重新看待自己的人生，並且開始展開一場「尋根之旅」。明明讀了那麼多投資理財書籍，卻還是節節敗退，後來轉向心理學，逐漸

發現我的「理財想法」、「看待金錢」的觀念，都是源自於從小到大內心匱乏感及對金錢的錯誤認知。我嘗試一一找出自己哪裡出了問題，也害怕會把「貧窮」傳承給「孩子」！

於是我們漸漸發現「心理學」及「言語的力量」的重要性。

後來在讀到「水的結晶」、「米飯的實驗」等一系列文章，頓時明白如果連一滴水、一粒米飯，都會因為我們傳遞的言語不同而有差異，正面言語結成漂亮的結晶、負面言語則變成醜陋的結晶；因此了解到這與人類的相處模式是相通的，正面的話語可以讓雙方溝通更完善。

▌言語和心理的正面力量

根據研究指出，3 歲時的人類大腦發展已完成約 80%，劍橋大學的研究更發現 3、4 歲的幼童，已經能理解基本的金錢觀念；到了 7 歲時，與未來財務行為有關的基礎概念通常已經發展完成。

股神巴菲特也曾說：「教導孩子金錢觀念、以及如何正確管理金錢的重要性，大多數家長都知道。」然而，知道和行動是兩回事，

對於這方面知識，孫太可是花了好幾年的時間鑽研，甚至產生興趣後取得心理學相關的專業證照。

永遠要抱持謙虛的態度看待任何事物，我們從「慘賠一族」變成「反存股族」，再到研究「價值投資」這一段過程，始終抱著虛心學習的態度，後來存股存出成效，再找到適合自己的選股 SOP，最後更出版《存股輕鬆學》、《存股致勝心理學》以及目前你正在閱讀的《存股輕鬆學 2》共三本財經書籍，這些都是始料未及的。

慶幸，我們已經跳脫「認為自己永遠是對的」的心理狀態，這樣的邏輯思維跟學習理財 4 個階段的「不知道自己不知道」一樣無知，而「無知」往往是阻礙自己邁向成功的絆腳石之一。

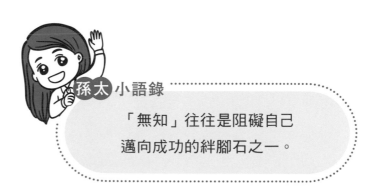

孫太 小語錄

「無知」往往是阻礙自己
邁向成功的絆腳石之一。

PART 04

開源節流基本功，
幫錢包好好抓漏

- 記帳等於「逼」自己省錢？

- 察覺自己使用金錢的方式和習慣

- 提高每月的存款金額

- 理財前，一定要先理債

- 理財之道，不外乎開源節流

- 負債人生變成人生贏家

- 人人必備 3 個撲滿

- 提升「信用分數」好處多

- 窮人買進負債，富人創造收入

- 運用 3 個步驟，輕鬆幫錢包抓漏

「理財前先理債」，如果你本身有債務問題，或者還不了解資產和負債的關係，那麼我建議這一篇可以多讀幾遍。

記帳等於「逼」自己省錢？

　　常常看到社團裡面有人留言反映，錢難賺又存不到錢，都知道投資理財是好事，但如何才能把錢留下？如何存錢？無本金時如何理財、如何規劃，粉絲們有滿滿的疑惑。

　　我最常被問到的有以下幾個問題，像是：

- 不懂記帳或者不知道怎麼記帳？
- 試過很多記帳方法，卻還是常常失敗
- 明明有記帳，仍然存不到錢
- 準備開始記帳卻不知道從何下手？
- 家裡有孩子，要教孩子如何記帳？
- 負債累累，被錢追著跑的人，需要記帳嗎？

　　經營之神王永慶曾說：「你賺的 1 塊錢不是你的 1 塊錢，你存的 1 塊錢才是你的 1 塊錢。」這段話曾讓孫太感到疑惑，因為口袋裡的錢用來生活都不夠用了，怎麼可能有積蓄？雖然一直都有記帳習慣，但始終成效不彰。

　　直到在股市慘賠 200 萬元之後，才發現自己的無知，為了避免重蹈覆轍，我們夫妻倆達成共識，每月薪水一進帳就先將必要開銷存起來，剩下的錢才是當月可以動用的生活費。如同一家公司採購物品之前會先編列預算，並計畫如何使用這筆費用，同樣的觀念套用在理財也相通。

　　但很多人光聽到「省錢」兩個字，就會聯想自己必須克制食慾餓肚子，甚至要犧牲生活品質才有辦法達成。其實一開始我們也是這樣認知，在最苦時天天啃饅頭度日，其實，這不是正確的做法且堅持不久。

　　後來孫太發現，更聰明的省錢方法，第一步就是「記帳」。記帳並不是逼自己省錢，而是幫助自己覺察消費習慣，全盤了解金錢流向，並減少不必要的浪費，做財務的主人，如同透過資產負債表檢視公司，有助於理性判斷公司的體質。

無論是開源還是節流，都是幫助我們增加投資理財速度的方法之一，因此不用矯枉過正，讀者可從書中的章節找到適合自己的方法即可。

▍竹子的扎根精神

　　富蘭克林曾說：「錢財並不屬於擁有它的人，只屬於享用它的人，金錢是一個好奴僕，但如果你不懂得如何運用，它就會變成你的主人」。這也是我在《存股致勝心理學》中，提到理財 4 個步驟需要反覆練習的關鍵，第一步就是「察覺」。

　　以精神學家阿爾佛雷德‧阿德勒（Alfred Adler）的觀點來看，「無論是什麼經驗，它本身並不會是成功或失敗的原因。」同樣的，如果有勇氣願意開始，有意識地察覺自己潛意識中「投資的壞習慣」，按下啟動鍵重新學財商，幫助自己累積財富，邁向財富自由之路，是非常可喜可賀的一件事。

　　我想起自己很喜歡竹子哲學的比喻，或許未必是真實的，但故事裡的涵義值得細細品味。

　　故事內容是：「竹子 4 年才長 3 公分，第 5 年開始每天長 30 公分，而有多少人熬不過前 4 年，竹子卻花了 4 年扎穩根基。我們看不到前 4 年竹子的根在土壤裡延伸數百平方公尺，扎實了根基，就像做人做事一樣，此時此刻的付出或許得不到回報，甚至看不到成效，因為所有的付出都是為了打好基礎。」

　　事後我也查證，引用維基百科的說明，「竹子是一種巨大的『草』，大都具有地下根狀莖，是目前世界上生長速度最快的植物，有些竹子地上部分的空心莖，每天可長 40 公分，完全成長後的高度可達 35 ～ 40 公尺」。

　　先不論竹子是否 4 年才長 3 公分，但可以確定其成長速度是越來越快的，甚至是呈倍數成長。

　　投資理財或人生課題，都應效法竹子扎根的精神，前面幾年看似獲利不多，財商知識學習好像沒有成效，許多人往往熬不到幾年就放棄，殊不知後勁才是重點。

　　只要持續學習，相信總有一天會跟竹子一樣，擁有爆炸性的成長。

察覺自己使用金錢的方式和習慣

　　談到存錢的方法，相信許多人都是從「記帳」著手，將生活中的各種支出逐一條列，不過多數人可能都是興致勃勃的展開，但過沒多久就放棄了。或許是記帳的過程太繁瑣，抑或沒有找到記帳的動力，只想著要「存錢」但卻沒有目標，那麼記帳就會是一件容易半途而廢，甚至是痛苦的事。

　　為什麼需要記帳？首先應該釐清的是你為什麼需要存錢？

　　存錢的目的可以有很多種，小到買名牌包，大到買一棟房子，不可否認的都是為自己的未來做準備，因此需要藉由記帳來管理支出。在做其他開銷之前先存下一部分的錢，打造自動存錢系統，達到無痛存錢的目的，隨著時間的累積，就能擁有一筆資金可以運用。

擺脫股市韭菜的基本功請從「存錢」開始，而記帳就是最重要的工具之一。

▋記帳是存錢的起手式

我們曾經窮到一度靠變賣結婚金飾度日，到後來慢慢邁向財富自由之路，記帳加上努力存錢，才重新站穩了腳步。

說實在的，我們夫妻倆最一開始理財部位不到 10%，後來靠著開源節流的方式，一塊錢 一塊錢的慢慢存下來，從日常生活中分類出輕重緩急事項，將不必要的花費刪減，像是治裝費跟旅遊預算，後來連餐費也降低額度，原本早上是買現成早餐，改成天天靠電鍋蒸「白饅頭」。你可能不相信，這樣的儉腸捏肚，饅頭吃到快反胃的生活，我們堅持了非常多年。

我並不是鼓勵所有人也要像我們一樣，用這麼極端的方式開源節流，但孫太鼓勵小資族一定要「記帳」。

這些年透過記帳，幫助孫太有效的察覺使用金錢的方式和習慣，在過程中，不斷修正自己看待金錢的想法，認識自己的生活

型態，並正確的使用金錢。當看待金錢的觀念正確了，就能加速累積財富的速度。

記帳簡單就好

我曾多次鼓勵粉絲練習記帳，結果大部分人反映記帳種類太多，五花八門的方式真的太複雜，包括 T 型資產負債表、左借右貸的觀念等會計類型的記帳方式，真的不得其門而入，許多人就因此半途而廢了。

所以，無論這個記帳方式再好、再專業，若使用起來過於複雜且花時間，那就達不到輕鬆記帳的目的，只能說不是工具不好用，而是不適合。後來，我找到最適合自己的無腦記帳法，就是拿出紙和筆，列出：

月收入（A）－月支出（B）＝可動用金額（C）

● 月收入（Ａ）：每月薪水扣除勞健保及相關支出，實際匯入帳戶的金額。

● 月支出（Ｂ）：房貸、保險費、電信費、停車費、管理費、水電瓦斯費等必要支出的總金額

● 月收入（Ａ）－月支出（Ｂ）＝可動用金額（Ｃ）

實際的算法是，假設月收入（Ａ）為 45,000 元，月支出（Ｂ）為 38,000 元，那麼可動用的金額就是（Ｃ）=7,000 元。

以此類推，是不是很簡單呀！

孫太 小語錄

記帳並不是逼自己省錢，
而是幫助自己覺察消費習慣。

提高每月的存款金額

　　若你已經有記帳習慣，請持之以恆，就像小時候學「九九乘法表」，只要熟記算式，將基礎建立好，後面遇到變化題自然能融會貫通，學以致用。

　　以公司為例，想要營運正常、永續經營，自然是營收要大於營運成本，若長期沒有獲利那就等著倒閉，關門大吉。會計中複式記帳法用的專業術語「左借右貸」（如右圖），左邊是借方（資產），右邊是貸方（負債），左借必須等於右貸才能平衡，公司也是透過會計部門的記帳方式來檢視營收狀況，所以記帳是存錢或獲利的根本。

　　目前市面上許多理財方法，包含 631、333、721 等……方法

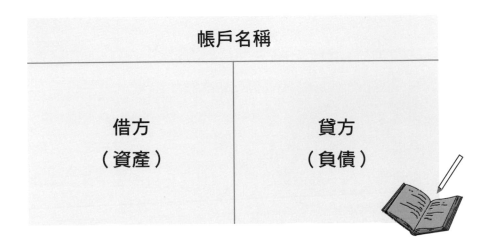

實在太多了，孫太認為每個人的生活條件不同，很難適用同一套標準，例如單身和已婚人士的生活模式不同；租屋和有房貸的人，每個月所要負擔的開銷也不同，自然要求就不一樣。

以我們家為例，經過夫妻倆多次討論得出共識，悟天的收入負責家庭的所有開銷，包括教養費、房貸、生活費等；而我的收入則是投入存股和旅遊基金，每年的配股配息再全部投入。夫妻倆有了共識之後，這次在書中特別整理出簡單的 4 大原則：

● 原則 1：每月薪水一入帳，馬上將月支出（B）存進存款帳戶。
● 原則 2：可動用金額（C）分成兩部分，一半投資理財、一

半當生活費。若有負債，孫太建議優先將錢拿去理債。

● 原則 3：每個月到 ATM 領錢的次數越少越好，最好控制在 2 次以內。以我們家為例，月初發薪水時領第一次，月底若真的不夠用再領一次。

● 原則 4：每個月的可動用金額（C）若大於上個月，則新增可動用金額的 10%、甚至更多。舉例來說，可動用金額為 1 萬元，那麼下個月則為 1 萬 1 千元。

如果薪水收入真的不多，存不了錢該怎麼辦？最好的方式就是想辦法開源，例如兼差增加業外收入，展開斜槓生活，因為投資需要本金，你必須儘快擁有第一桶金，才能拿到進股市投資的敲門磚。

這也代表自己「先天不足」，更沒本錢浪費每一分錢，因此無論是月入 10 萬，還是 3 萬，重點就是想辦法提高存款金額。切記，過程中不與他人比較，只跟自己比。

關鍵在於，一定要比上個月的自己更進步，就算只有多存 1 百塊，都值得為自己鼓掌喝采。

理財前，一定要先理債

在踏入投資理財之前，一定要先學會理債。每個人或多或少身上都曾有負債的經驗，例如信用卡只還最低應繳金額，每月產生的循環利息就是負債，又或是生活陷入困境向銀行貸款周轉，在尚未還清之前都是一筆債務。

以前在銀行工作時，經手過上百件債務協商的業務，發現許多人的金錢觀是一代傳一代，常常都是上一代的觀念出現問題，導致下一代被潛移默化，造成貧窮世襲。

經過多年的觀察，孫太發現，來銀行借錢的人大致分為兩種。一種是有錢人，另一種是窮人，兩者之間對待金錢的方式差異甚大。有錢人來銀行借錢是為了用錢滾錢，而窮人則是用錢來救命

過生活。

股神巴菲特說:「人生就像滾雪球,而影響雪球大小的因素有二,就是夠長的坡道和充足的雪量。」

1. 夠長的坡道:代表的是時間。及早開始準備投資,利用時間來累積財富。

2. 充足的雪量:代表適當的投資產品。如同太濕的雪,可能會將雪球完全融化,太乾的雪,又不容易沾附。

▌別讓負債變成「滾雪球」

我則認為,「負債就像滾雪球,而影響負債大小的因素有二,就是夠長的坡道和充足的雪量。」

1. 夠長的坡道同樣代表時間。越晚開始理財,累積的負債會透過時間,堆疊更多的債務。

2. 充足的雪量代表沒有理財觀念。持續累積的負債,如同你沒有正確的理財方式,將不斷消耗你的雪球(青春),融化你的財富,太乾的雪又不容易沾附新的財富,因此陷入負債人生,如

滾雪球一般萬劫不復。

　　綜觀來說，無論是投資還是負債，透過時間的發酵都會帶來複利效果，那麼你選擇錢滾錢讓自己越變越有錢？還是負債滾負債，讓你越欠越多錢？

孫太 小語錄

無論是投資還是負債，透過時間的發酵，
都會帶來複利的效果。

理財之道，不外乎開源節流

《荀子‧富國》說：「故明主必謹養其和，節其流，開其源，而時斟酌焉。」比喻應開發財源，節省支出，以儲蓄財力。《清史稿‧卷三六三‧英和傳》：「理財之道，不外開源節流。」

孫太從事金融業那些年，除了幫助很多客戶申辦貸款（房貸信貸），也曾協助許多客戶成功理債（代償、銀行協商），從富人身上學會如何理財和錢滾錢。透過來銀行申請貸款的窮人，孫太了解他們的消費習慣，告誡自己需要避開理財的誤區。我發現開源節流財富自由，是很重要的觀念，為了方便討論，我拆成兩個部分來談。

即日起可執行
開源節流的方式

- 開源：放假時接催眠個案、出書、變賣閒置物品……
- 節流：帶便當省午餐費、戒掉手搖飲……

▌開源的方法

顧名思義就是增加收入，善用零碎時間為自己加薪。

在這個什麼都漲，只有薪水不漲的年代，大家的生活壓力都很大，想要有更好的生活品質，就必須想方設法增加財源才能達到。

每個人的工作領域不同，擁有的專業也不一樣，除了正職之外，可以進一步思考如何擅用自己的長才，增加業外收入，包括買房出租、接案、當家教老師、假日新娘秘書、投資副業、變賣閒置物品等，都是可以開拓財源的方式。近年很流行的「斜槓人生」，就非常符合「開源」的觀念，現在起就當個斜槓人為職涯及人生找尋更多機會。

▋節流的方法

說完了「開源」之後，現在來談「節流」，白話來說就是減少花費，能省則省。

正視自己的消費習慣，認真檢查每一筆支出項目，把錢花在刀口上。每次購物之前先冷靜思考是「需要」還是「想要」，畢竟可以多忍耐一段時間再擁有的東西，就不需要急著購入，將省下來的錢轉入儲蓄或投資，讓錢花在有意義的用途上。

此外，要調整消費習慣減少小錢的流失，例如三餐自己煮，降低外食機會、不貪小便宜反而省更多、或是避免非必要的應酬花費等生活中的節流方法，長時間的積少成多就能透過節流為自己留下更多財富。

那麼「開源」跟「節流」哪一個重要？我認為兩者都十分重要。

只是「開源」比「節流」更有潛力，因為創造收入是沒有上限的。

　　而不論多努力省錢通常都有限度，因為薪水是固定的，在付出必要的生活開銷後，能省下來的錢最多也不會超過薪資。

　　如果可以，應該先以開源為主，節流為輔！另外，請不要過度節儉而忽略健康，像當年的我們為了省錢，早餐只吃白饅頭，長時間營養攝取不足，日積月累影響健康，現在反而要花更多錢調理身體，這樣反而得不償失。

孫太 小語錄

當看待金錢的觀念正確了，
就能加速累積財富的速度。

負債人生變成人生贏家

上一節提到開源節流，這一節就要進入它的實戰經驗。孫太在銀行工作時，經常接觸各式各樣的人，有一次遇到不懂理財觀念的客戶阿志（化名），便建議他正視自己的金錢，請他從最基礎的「631 理財法則」開始練習。

簡單來說，「631 理財法則」就是把收入分為三等分，分別是生活支出 60%、儲蓄理財 30%，以及風險規劃 10%，並將其存入不同的戶頭控管，透過這個方法讓阿志提高存錢比例，進而使負債人生變成人生贏家。

人生的路程很漫長，而且職場生涯又有保存期限，如果想讓人生旅程平順，請做好資產配置，才能確保一路行來越來越穩健。

631 理財法則

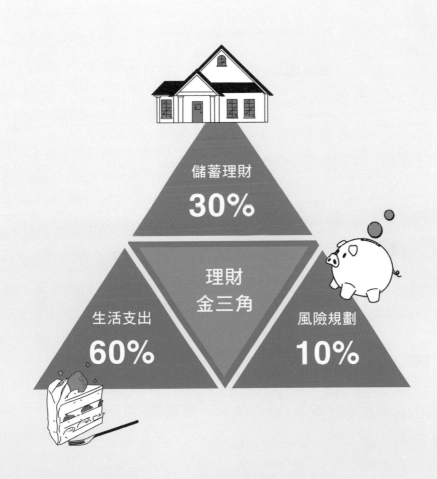

儲蓄理財
30%

理財
金三角

生活支出
60%

風險規劃
10%

（製圖／孫太）

我們以「631 理財法則」試著計算資金分配的情境，用每個月實際薪資所得為 35,000 元為例：

【情境一】

薪水收入 35,000 元，零負債：

薪水的 60% 為「生活支出」21,000 元

薪水的 30% 為「儲蓄理財」10,500 元

薪水的 10% 為「風險規劃」3,500 元

當薪水入帳時，先將四成的薪水 14,000 元（10,500+3,500=14,000）存入不同的帳戶。若你沒有負債，甚至有些積蓄，代表你懂得控制金錢，只要掌握提高存款金額的原則，想辦法開源節流，幫助自己的存款金額持續投入理財計畫當中，就能穩健累積財富。

【情境二】

薪水收入 35,000 元，負債 50 萬元：

「生活支出」28,700 元，占薪水 82%

「儲蓄理財」3,150 元，占薪水 9%

「風險規劃」3,150 元，占薪水 9%

客戶阿志（化名）因不擅長理財，不知不覺以卡養卡越欠越多，債務高達 50 萬元，沉重的負債影響生計，根本沒有心思及餘力規劃理財。

孫太告訴他，正因為錢不夠用，才更應該要理財，難道你希望一輩子都被錢追著跑嗎？同時建議阿志落實記帳，想辦法檢視自己的消費習慣，透過數據分析找到問題癥結，並重新調整花錢觀念，列出每月必要支出明細表。

阿志就算不吃不喝，每個月的必要支出就要 34,000 元，薪水也才 35,000 元幾乎打平。從歷年的聯徵紀錄來看，阿志的卡債短短幾年突然暴增，現在已經需要靠以卡養卡的方式，才有辦法過生活。透過逐筆檢視支出項目，他完全沒想到每個月要負擔這麼多，難怪錢始終留不住。

兩種情境相較之下，前者能輕鬆執行 631 理財法則，而後者則需要先理債。特別的是 631 理財法則需要時間運作以及執行力。若是像阿志已經有卡債的狀況，當務之急就是還債，眼下也只有開源或節流兩種方法。

阿志的每月必要支出	
項目	金額（元）
房租、管理費	10,000
水電、網路、瓦斯費、電費	1,000
電信費	2,000
風險規劃（保險）	3,000
投資理財（含股票基金）	3,000
貸款支出（含信用卡債）	15,000
總計	**34,000**

調整後每月必要支出	
項目	金額（元）
房租、管理費	6,000
水電、網路、瓦斯費、電費	500
電信費	2,000
風險規劃（保險）	3,000
投資理財（含股票基金）	9,000
貸款支出（含信用卡債）	7,000
總計	**27,500**

　　由於阿志需要配合公司輪班，時間不固定，想找一份兼差的工作不容易，無法為自己開源增加收入。那只能從「節流」著手，秉持著凡事都有輕重緩急，經過討論，我們將每月支出項目進行調整，逐步減輕過重的經濟壓力。

　　為了降低租金費用，選擇搬到公司附近無需管理費的公寓雅房，每月就能省下 4,000 元；家用網路換成手機網路吃到飽，水電開銷也因坪數較小，所以相對便宜，每月僅需負擔 500 元，省下 500 元；而電信費則是因在約期中不能變動；保險是分散風險的好工具，所以繼續保持。

　　原本 50 萬元的卡債整合成一筆 7 年期的信貸，每月支付 7,000 元，可省下 8,000 元；最後是提高投資比例，原每月基金扣款 3,000 元，可再加扣 6,000 元，提高投資金額至 9,000 元。

　　雖然距離理想目標還有一段距離，但與從前相比已有非常大的進步。

　　透過阿志的案例，從原本的舉債度日，慢慢的每個月省下 7,500 元，一年能省下 9 萬元，7 年累積下來就省下 63 萬元。除了節省

逾六十萬元之外，最棒的是中斷負債人生，並走上人生贏家的軌道。

經過調整必要支出項目，將薪水花在刀口上，阿志真的徹底翻轉人生，除了不斷幫孫太介紹客戶之外，還特地帶著論及婚嫁的女友來探訪。幾年之後，阿志升遷為主管，加薪的部分持續投資理財，而女友擁有餐飲專業，後來兩人更合資創業，打造被動式收入，最後踏入婚姻進入人生另一個階段，也生了一個可愛的小寶寶，生活過得幸福美滿。

每次想起曾經成功幫助阿志脫離黯淡的負債人生，我的內心都有莫名感動，久久不能散去。

「理債」並非指不能有債務，而是必須先經過評估、整理，就跟銀行壓力測試一樣，自己也必須測試如果遇到突發狀況，債務是否還可以順利償還呢？這世界上最遙遠的道路便是「明明知道，就是做不到」，嘴上說的都很容易，最難的是執行，正所謂「知易行難」就是這個道理。然而，人生是一條單行道，只能不斷前進，沒有辦法走回頭路。

人人必備 3 個撲滿

人生事事難料，無常更是隨時會發生，我們要未雨綢繆，防患於未然。孫太曾多次提及「緊急預備金」的重要性，就是預先準備、有備無患的概念。

2008 年發生金融海嘯時，我們因過於貪心，把緊急預備金全部投入股市，目的是為了「攤提成本」，結果越攤越貧，再加上孫太當時被資遣，沒有收入進帳，讓我們直接從股市畢業。

生活遭遇突如其來的變故，真的需要一筆資金運用，無論是基本生活費、房貸，還是小孩的教育費，都是無法停止不付的必要支出，這時緊急預備金就是即時雨，能幫忙度過難關。

緊急預備金也相當於公司的「周轉金」，公司能否經營長久，「周轉金」就顯得非常重要。

緊急預備金要透過定期存錢才能擁有，我認為儲蓄可以規劃成短、中、長期 3 個撲滿，才足以應付生活不同階段所需。邀請你一同來規劃，它們各自需要多少金額？

▌短期撲滿

第一個「短期撲滿」就是所謂的緊急預備金，需準備相當於3～6 個月薪水的生活費備用。假設每月薪資為 3 萬元，那麼短期撲滿就要存入 9 ～ 18 萬元。

這筆錢不能動用，因為它是救急跟救命用資金，萬一不幸被資遣，或者突然間家裡需要修繕等種種不預期的必要支出，至少有一筆周轉金，可以勉強應付。

這一筆錢承擔不起風險，而且遇到困難時能及時領出，因此孫太建議要放在相對安全且保守的帳戶，像是可以隨時解約的定存。

人生的 3 個撲滿

中期撲滿

第二個「中期撲滿」，是所謂的人生夢想金，舉凡購屋頭期款、小孩教育費、出國旅遊、保險費等都能存在這只撲滿中，可依據家中每個成員的需求列出金額。

假設購屋頭期款 300 萬元、預計要存 10 年；小孩教育費 200 萬元、預計要養 20 年；每年的出國旅費 30 萬元、每年的保險費 30 萬元等，以上述項目來計算，平均一年至少要存入 100 萬元到這個撲滿裡。

這屬於人生的中期規劃，因此孫太建議可投資穩定成長的股票，透過時間複利達到目標。

長期撲滿

第三個是「長期撲滿」。退休是每個人都會面臨到的人生階段，想要維持良好的退休生活品質，一定要趁著在職場還有貢獻度時，努力攢錢留到未來使用。

　　假設每年希望有 60 萬元的股利股息，投資報酬率為 6%，則本金至少要存上 1 千萬元。存退休金的計畫如果是 30 年，若暫不考慮複利這件事，每年就要存入 33 萬元在撲滿中。

　　對於長期撲滿，孫太會建議投資特許行業的股票，諸如銀行業、電信業等需要經過政府許可才能營業的行業。這類型的產業因受政府管制，所以產業內的競爭者不會太多，通常都能有不錯的獲利。

　　人人都需要準備這 3 個撲滿，其優先順序是依據短、中、長期來計畫，而萬一有突發狀況，也一定是以「短、中、長期」的順序先補足，不要看到如此龐大的數字就直接舉白旗投降，而是要理性面對自己人生中需要扛下的重責大任。

現在邀請你一起來規劃 3 個撲滿
各自需要多少金額？

你的短、中、長期計畫：

1. 短期：

_____

_____

_____

2. 中期：

_____

_____

_____

3. 長期：

_____

_____

提升「信用分數」好處多

　　孫太曾是銀行的放款人員，協助過許多客戶申請貸款以及處理債務問題，發現多數有錢人都能快速地講出自己擁有的資產跟負債，反觀財務有狀況的客戶，通常很少精算過自己的資產與負債。

　　而身為專業的放款人員，在處理貸款事務時，必須考量客戶完整的信用卡額度和使用餘額、繳費狀況、與哪一家銀行貸款等相關資料，最重要的是了解客戶的信用分數，透過其負債比和信用分數高低、繳費情形來決定放款金額和利率條件，並根據多項信用評分來判斷客戶的償還能力。

　　至於客戶的信用狀況如何，孫太以身為行員的基本操守，絕對不能向客戶透露，所以今天就以一個「你的前任行員閨密」的角

色，與大家交流「如何培養自己的信用」。將來無論是買房或是貸款，都能幫助自己獲得更有利的借款條件。

▌何謂個人信用？

與銀行往來最重要的就是「信用」，因此我們需要培養信用，而銀行如何知道客戶的信用，就是透過個人信用評分來檢視，它就像你的個人履歷讓銀行認識你。

根據財團法人金融聯合徵信中心的定義：「聯徵中心所蒐集在揭露期限內的資料，以客觀、量化演算而得的分數，用以預測當事人未來一年能否履行還款義務的信用風險。某一時點查得的個人信用評分，僅代表該時點該當事人的信用風險，若該當事人於聯徵中心的信用資料隨時間而有異動時，其個人信用評分即可能隨之變動。」

以台灣為例，個人信用評分的實際分數介於 200 分至 800 分。記得當時孫太還在銀行工作時，曾辦理自家銀行的信用卡，透過同事側面了解自己的聯徵分數，竟是 800 分。同事們都很好奇，我如何讓信用分數拿到滿分的成績。現在就來分享如何累積個人

信用評分的撇步。

▌提升自己的信用度

　　首先就是幫自己辦一張信用卡，所謂「有借有還、再借不難」，用這張信用卡與銀行建立關係，若你都沒有與銀行往來的紀錄，它根本不認識你，又怎麼會借錢給你呢？

　　所以，一定要培養有來有往的銀行紀錄，無論是信用卡、存款、投資都是讓銀行認識你的方法，未來在創業或是購屋要資金時，如何幫自己爭取到更高的額度以及更低的利率，這些跟你的信用分數息息相關。

　　從年輕開始，脫離「銀行小白」的身分，建立良好信用，提高信用分數，都能創造對自己有利的條件，真的是非常非常重要的第一步。

　　想脫離「銀行小白」最快速的方法就是申辦信用卡，而累積多張信用卡的方式有很多種，以孫太的個人經驗建議，首先要申辦的是一張免年費的信用卡，用來設定必要開銷，諸如水電費、瓦斯費、

電信費等每月一定得支出的自動扣繳，培養自己的銀行信用，並記得所有帳單一律繳清；或者平日生活中的花費可透過信用卡支付，例如加油、購買民生用品、餐費等，增加信用卡使用的機率。如果你已經是信用高手或者商務人士，可選擇繳交年費的信用卡以獲取更多的福利，這就可依個人的使用習慣而定了。

如果你也跟孫太一樣平日工作繁忙，對於每一家銀行的信用卡規定、繳費日期、優惠使用都不同而感到頭疼，就選擇只保留一張最常使用的信用卡，另一張則當備用，萬一常用的信用卡故障刷不出來，至少還有備用卡可救急支援。

▍集中一個戶頭管理

年輕時孫太換過很多工作，每一間公司配合的發薪銀行都不同，所以開了多個銀行帳戶，但最終都會統一將錢匯到最常使用的帳戶以方便管理。

經常往來的銀行帳戶只保留一個的好處是，資產跟現金集中管理，最好成為其 VIP 客戶，它就會提供專屬的理專服務，每次去銀行辦事，只要提前聯繫理專就可大幅縮短等待的時間。所以定期檢視

自己的銀行帳戶，處理掉閒置的戶頭，集中培養同一間銀行的信用。

接著，所有必要支出設定自動轉帳，例如水費、電費、瓦斯費、電話費、保險費、信用卡費等常態性的花費，除了設定自動扣繳之外，更要確保帳戶裡有足額的餘額扣款。

希望孫太這位前銀行閨密分享的上述經驗，能幫助大家更懂得與銀行打交道。

孫太 小語錄

學會提升自己的
「信用額度」！

個人信用分數無法評分的情況

1. 信用資料不足

- 授信歷史資料少於 3 期或近 12 期之授信餘額皆未大於 0。

- 信用卡持卡未滿 3 個月或近一年之信用卡應繳金額皆未大於 0。

2. 不適合取得信用：受監護宣告者。

3. 信用資料有爭議

- 如個人請求於聯徵中心資料庫中註記其信用資料或紀錄，目前為爭議中或訴訟中者。

4. 在聯徵中心資料揭露期間內有下列信用不良紀錄之情況，且目前無正常之信用交易

- 授信帳戶被任一金融機構列為逾期、催收或呆帳紀錄者。

- 信用卡任一正卡出現強制停卡、催收、呆帳紀錄者。

- 支存帳戶出現任一票據拒絕往來紀錄者。

5. 已完成債務協商註記者

- 如聯徵中心自 95 年 4 月起配合「銀行公會消金案件債務協商」

機制，設計相關資料報送規則，提供會員機構報送債務協商戶信用資料於聯徵中心建檔，由於協商期間的資料報送方式與一般授信餘額月報／信用卡資料報送方式有所不同，資料已無法反應一般消費者的信用風險行為。

6.《消債條例》適用者

● 為配合自 97 年 4 月 11 日起實施之《消費者債務協商清理條例》，若於聯徵中心資料庫中有前置協商、更生、清算等相關註記者，皆屬於暫時無法評分。

7. 近 1 年內僅有學生貸款者

● 學生貸款屬政府專案貸款，因其性質特殊，並不算是真正的信用往來行為。

提升個人信用分數 8 個小撇步

1. 申辦信用卡累積信用

2. 保留 1 ～ 2 張最常使用的信用卡

3. 保留 1 ～ 2 個經常往來的銀行帳戶

4. 資產跟現金集中管理，最好成為銀行 VIP

5. 結清閒置戶頭

6. 所有必要支出設定自動轉帳

7. 確保帳戶裡有足額的錢以供扣款

8. 所有帳單一律全額繳清

窮人買進負債，富人創造收入

小時候大家都聽過「螞蟻總是在冬天來臨前認真工作，儲存糧食，到了冬天才有足夠的食物繼續生存下去」的故事。

話說 2008 年金融海嘯發生時，我們並沒有「風險管控」以及落實「緊急預備金」的觀念，這一場股災不但捲走 200 萬元的積蓄，更遇到大環境不景氣被公司裁員，頓時陷入愁雲慘霧的生活之中，最後只好拿結婚金飾變現過日子，後來在讀完《富爸爸·窮爸爸》這本書之後，才深刻搞懂資產與負債的定義。

▍窮人與富人的現金流

雖然孫太對於《富爸爸、窮爸爸》作者羅伯特·清崎（Robert

Kiyosaki）運用「破產」的方式，規避其要負擔稅率的行為不認同，不過在此引用書中的一段話：「資產就是能把錢放進口袋裡的東西，負債就是把錢從你口袋取走的東西。」對於現金流、資產以及負債等三個重點，他提供一個淺顯易懂的定義。

從上圖可以發現：窮人的現金流──每月薪水支付開銷剛剛好，是典型的月光族，更不用提累積資產。

而中產階級的現金流──花錢消費的同時要負擔貸款，包括房貸、信貸、車貸、信用卡分期付款等；會累積少數資產，但透過資產所產生的現金流，是無法達到退休的程度。

最後來看富人階級的現金流──發現多數的錢拿來累積資產，並且努力購買資產，例如投資不動產收租、購買股票每年配股配息，除此之外，幾乎沒有負債。

▌創造現金流並不困難

不同的金錢思維造就不同類型的現金流，但千萬不要覺得變有錢是一件困難的事，只要踏出第一步，按部就班的累積資產，變

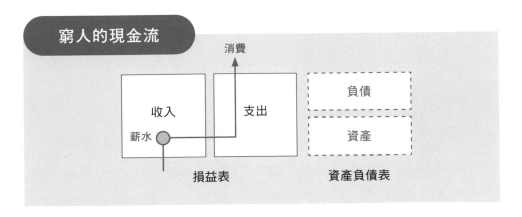

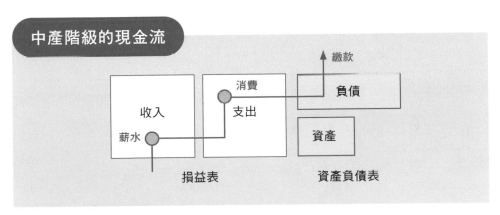

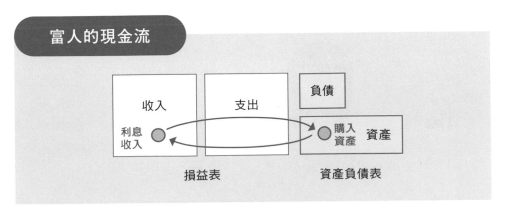

成有錢人其實沒有想像中的困難。

　　曾經看到一篇報導，標題寫著「靠 5 萬元養活一家 9 口」，文中提到歐姓一家運用「721 理財法則」，也就是將每月 5 萬元的薪水，70% 運用在投資理財、20% 是生活費、10% 則是隨意花用，不但有辦法養活一家 9 口，更厲害的是還買了 70 坪的大房子。

　　歐姓一家透過妥善的資金分配和管理，運用「高強度的節流」，避免不必要的開支，把錢存起來購買資產接著再拿去投資，辛苦存下的 70% 薪水買了 70 坪的房屋，非常值得。同樣的，如果你願意落實孫太前面提到的理財方法，那麼你將距離有錢人越來越近。

孫太 小語錄

窮人買進負債；
富人創造收入。

運用 3 個步驟，
輕鬆幫錢包抓漏

▌房屋漏水要抓漏，錢包也需要抓漏！

不知道你是否曾遇過房屋漏水的經驗，孫太年輕時最害怕租屋處遇到漏水、有壁癌的房子，因為壁癌黴菌會影響身體健康，家具物品也容易損壞，算是變相漏財。

同樣的，如果你發現自己明明有錢，卻不知道花到哪裡去了？那麼這一個章節，孫太會透過實際案例，運用 3 個步驟，輕鬆幫你的錢包抓漏。

你的錢包漏水了嗎？

你有發現自己的錢正一點
一滴流逝嗎？找出漏洞之
處並且妥善處理，才能有
效累積財富。

▌定期檢視自己的錢

我們家的習慣是只要有任何消費，回家第一件事就是打開記帳
軟體，記錄發票明細，同步更新可用餘額，養成記帳習慣才能清楚
掌握金錢流向。若發現花費超支或是超過比例，那就要降低花費。

舉例來說，若每天可動用的現金是 1,000 元，那一個月就可動
用 3 萬元現金，但是如果在 15 號就已經花掉 2 萬元，這就代表超

過原先設定進度的 5,000 元。當下就會提醒家中成員，最近逛賣場要撙節支出，努力節省，控制在最終 3 萬元的花費內。

有一次在記帳之後，發現電費高達 6,487 元，與平均電費相比超標，為此開始幫家裡進行「抓漏」。

孫太最常使用 3 招幫錢包抓漏，首先是要求證，查詢歷史資料確定超支是否屬實；接著是找出異常原因，至少要找出 3 個；最後則是解決問題，討論出可以被執行的方法。

■ 步驟一：求證，比對歷史資料

孫太使用 Excel 表格記帳，只要撈出去年跟前年同期電費的明細，與今年同期電費進行比對，就可以發現是否出現異常。

後來發現去年跟前年的同期電費，分別為 3,260 元跟 3,200 元，而今年則是 6,487 元，明顯增加一倍，孫太認為不太合理，在比對確認過去年同期帳單後，接著就是面對問題。

■ 步驟二：找出異常原因

經過一番抽絲剝繭探尋原因之後，發現今年的電器使用量提

高，因為退休在家，每天玩烘焙的次數增加，烘焙會使用到的烤箱、攪拌機、麵包機等都需要電力；另外泡茶、煮咖啡時，也增加保溫壺的電力。

還有疫情爆發正值夏天，酷暑難耐，為了防疫減少外出，所以冷氣的使用量更是大為提高；三級警戒學校提前放暑假，小孩在家要進行線上課程，也提升電腦的使用量。

這些林林總總的原因都是電費暴增的關鍵，找出了異常的原因後，那就要想辦法改善。

■步驟三：列出可被執行的解決方案

電器使用量提高，那就控制使用次數與時間；冷氣使用量提高，可透過定時功能縮短冷氣的使用時間；電腦使用量高，除了線上課程之外，其他時間儘量避免開機。最後就是進行家中宣導，提醒家人電費超標，請大家儘量保持隨手關燈，節約用電用水的好習慣。

經過一個月的努力，電費調降為 4,709 元，與上期電費比較，節省了 1,778 元，成效雖未達到原來設定每月 3,000 元的水準，需

要再接再厲持續改善，但可證明的是只要提出可被執行的解決方法，就能有效控制不必要的花費。

　　總結來說，很多人對於金錢都是不理不睬，只要有錢花用就好，這中間真的造成許多無謂的浪費。因此請定時檢視自己的錢包，掌握金錢的流向，才能找出金錢消失的原因，且要正視問題解決問題，讓那些莫名流逝的金錢回頭變成你的財富。

 孫太的錢包抓漏三步驟

1. 求證，比對歷史資料以確認超支
2. 找出異常原因，至少找出 3 個以上
3. 列出可被執行的解決方案

人生沒有白走的路，
每一步都算數

　　我們夫妻倆只是再平凡不過的普通人，有幸得到出版社的青睞，至今仍深感不可思議，覺得恩典滿滿。在出書之前，最擔心莫過於成為一名書籍不暢銷的作者，像孫太和悟天這種不上節目、不辦簽書會，甚至還有眾多堅持的素人，光是不露臉就增加了行銷的難度，因此每次要讓書曝光都讓出版社頭痛不已。

　　說實話，出書真的太辛苦了，熬了無數個夜晚，時常寫到懷疑人生，每次寫完一本書的心情都是「這輩子再也不出書了」，但每隔一段時間都會收到很多讀者回饋，告訴孫太書中的內容對他們幫助很大，讓我們覺得自己的價值被看見，內心的火花又開始慢慢地被點燃，然後一本接著一本的出版。

接觸股市愈久，孫太內心愈深刻體悟到一件事──「生活與投資是分不開的」，出書最初的起心動念，讓孫太深受感動，常常告訴自己「莫忘初衷」，每一本書，我們都會提撥部分版稅做公益。

回想 2008 年金融海嘯，因為自身的警覺性不夠，加上財商觀念不足，徹底在股市踢到鐵板。當時融資買股，股價卻腰斬再腰斬，最後只好忍痛出清，大賠兩百多萬元，度過一段極為慘澹的生活，有鑑於此，我們的投資策略顯得相對謹慎保守。

因此回到 2019 年底跟 2020 年初，新冠疫情持續升溫，觀光、旅遊、交通等受到衝擊，國際經濟面的下降趨勢也越來越嚴重，我們記取 2008 年金融海嘯的教訓，認為疫情有很大的機率會影響公司的獲利與業績表現，觀測到 2020 年 2 月的金融股倍數到達新高點，便選擇調節，避開這一波股災的損失。

萬萬沒想到悟天不顧我的反對，於 2020 年 2 月堅持公布「我們決定調節持股」的這個決定，引來不少罵名，即便事後證明我們的判斷正確，但當時被網軍不斷的攻擊和抹黑，讓他好幾個月的時間都處於非常低潮期。

在調節股票之後，我們密集觀察疫情走向，至 2020 年 3 月底依據 SOP 倍數表發現，各股倍數已來到新低，等到 4 月國際局勢與相對應的政策都出爐之後，決定全數買回所有的股票，而且比原本的買進成本更低。

我們固定每週依據 SOP 倍數表來決定投資策略，截至 2021 年 10 月底，我們持有超過 800 張的第一金（2892）。

我想表達的是，我們夫妻真正追尋的是存股投資，而不是執著在「名詞」上或是「操作」上的墨守成規。

這樣的觀念與核心思維，源自於對未來生活的最初藍圖，因此這些年才一步一腳印依據 SOP 倍數表築夢踏實，慢慢走到今天，謝謝大家一路的陪伴，見證這些年以來的成長。

我認為每個人都應該有自己的目標和方向，只要大方向確定好，努力朝目標直行，就能達到自己的夢想，由衷期盼每個人都可以找到屬於自己的存股 SOP。

最後，我想要告訴大家的，不是我們有多少張股票，或是投資

有多厲害，而是我們可以做自己想做的事，且沒有經濟壓力，隨時來一場說走就走的旅行；或是培養自己的興趣，像是插花、繪畫、瑜伽、參加讀書會或跳舞等陶冶身心的事情；沒事就動動腦、練練筆，記錄自己的財商觀念傳承給孩子們。

　　我追求的人生，不單單只是「財務自由」而已，終極想法是達到生活無拘無束、身心自由自在、任何事皆可隨心所欲的境界，那才是我所企盼的幸福人生。

　　「人生就像一場馬拉松，從來沒有白走的路，每一步都算數，每一次都是成長！」

存股輕鬆學 2

作　　者：孫悟天、孫太
責　　編：林麗文
協力校對：洪晟芝、羅煥耿
封面設計：張　巖
插　　畫：Erica Yin、王柏峻
內頁編排：王氏研創藝術有限公司
印　　務：江城平、黃禮賢、林文義、李孟儒

總 編 輯：林麗文
副 總 編：梁淑玲、黃佳燕
主　　編：高佩琳
行銷企畫：林彥伶、朱妍靜

社　　長：郭重興
發行人兼出版總監：曾大福
出　　版：幸福文化出版
地　　址：新北市新店區民權路 108-2 號 9 樓
網　　址：https://www.facebook.com/
　　　　　happinessbookrep/
電　　話：(02) 2218-1417
傳　　真：(02) 2218-8057

法律顧問：華洋法律事務所蘇文生律師
印　　刷：通南彩色印刷有限公司

發　　行：遠足文化事業股份有限公司
地　　址：231 新北市新店區民權路 108-2 號 9 樓
電　　話：(02) 2218-1417
傳　　真：(02) 2218-1142
電　　郵：service@bookrep.com.tw
郵撥帳號：19504465
客服電話：0800-221-029
網　　址：www.bookrep.com.tw

初版一刷：2021 年 12 月
定　　價：380 元

國家圖書館出版品預行編目資料

存股輕鬆學 2 / 孫悟天，孫太著 . -- 初版 . -- 新
北市：幸福文化出版社出版：遠足文化事業股份
有限公司發行，2021.11
　面；　公分
ISBN 978-626-7046-08-1(平裝). --

1. 股票投資 2. 投資分析 3. 投資技術

563.53　　　　　　　　　　　110016647